7 MEJORES CUENTOS
MUJERES

TACET BOOKS

7 MEJORES CUENTOS MUJERES

EDITADO POR
AUGUST NEMO

Editor August Nemo
Diseño de cubierta y interior Mayra Falcini
Marketing Horacio Corral

Catalogación en la Publicación (CIP)

Nemo, August (org).
N436   7 mejores cuentos - Mujeres / August Nemo (org.)–
São Paulo, SP: Tacet Books, 2021.
85 p. : 14 x 21 cm

ISBN 978-65-89575-30-6

1. Escritos diversos en español

CDD 868

Tacet Books
Hecho en silencio
Para mentes ruidosas

www.tacetbooks.com
tacet.books@gmail.com

ÍNDICE

INTRODUCCIÓN

La literatura es un espacio mayoritariamente masculino y esto no se debe a que los hombres tengan más capacidad, repertorio y mejores historias que escribir que las mujeres. Durante mucho tiempo, el impacto de las presiones socioculturales decretó que las mujeres debían dedicarse exclusivamente al hogar. Por lo tanto, una mujer que se atrevió a tener una actividad intelectual estaba cometiendo una grave transgresión.

En la sociedad de los siglos XVI y XVII la identidad de la mujer se construía alrededor de su padre, hermano y marido, y se esperaba que fuera obediente, dócil y sumisa. Por todo esto, la idea de la mujer escritora fue descartada y desacreditada por la sociedad. Durante este período aparecieron escritoras que escribían bajo un seudónimo, para evitar la persecución, otras tenían que entrar en los conventos para evitar matrimonios no deseados y poder estudiar, leer y escribir con cierta libertad.

El pensamiento de los siglos XVIII y XIX abogaba por un cambio en las estructuras sociales y culturales de la sociedad para lograr el progreso, que se impondría a través de la razón, los avances y la tecnología. Lentamente, proliferaron los periódicos escritos para un público femenino. Surgieron muchas escritoras y traductoras. Las reuniones de salón se convirtieron en lugares donde podían expresar sus opiniones y el número de lectoras aumentó, convirtiéndolas en un público específico y objetivo de algunos tipos de publicaciones, como las novelas.

En esta época muchas personas comenzaron a apoyar el acceso de las mujeres a la educación sólo para que en el futuro pudieran instruir a sus hijos, y así obtener los futuros líderes de la nación bien capacitados. Aunque esta apertura se caracterizó por un deseo muy alejado de la igualdad real, y que todavía afectaba sólo a las mujeres en posiciones económicas y sociales elevadas, muchas mujeres aprovecharon la oportunidad de escribir y desde allí reclamar derechos para todos. Ante esta apertura de algunos ilustrados, muchos rechazaron la incorporación de la mujer a la actividad intelectual.

El siglo XX se caracteriza por un período inestable de cambios rápidos. La literatura de este siglo se caracteriza sobre todo por la influencia de las guerras mundiales que tuvieron lugar en ese período. Los temas tratados son la soledad, la vida, la muerte, la existencia. Muchas de las historias son experiencias personales, historias contadas en primera persona. Se utiliza un realismo cargado de conciencia social, historia y denuncia. A principios de este siglo era difícil hablar de igualdad, y mucho menos de igualdad de género. Aunque un gran número de mujeres trabajan en la agricultura y la industria, la característica fundamental es la profunda división sexual del trabajo, según la cual la mayoría de las mujeres se dedican a las tareas domésticas, con una identidad femenina vinculada a la maternidad.

En este contexto, algunas mujeres encuentran en la lectura y la escritura la forma de expresar sus preocupaciones y colaborar con el cambio social. Muchos de ellos se centran, sobre todo, en la defensa de la educación de las mujeres. Estas mujeres, insatisfechas con el lugar que la sociedad les había dado y a pesar de las dificultades, comienzan a escribir y a difundir sus ideas.

Nuestro papel como lectores en el siglo XXI consiste en cuestionar las condiciones en que se ha marginado la literatura femenina y en entrar en contacto con escritoras de todas las edades, nacionalidades y condiciones sociales, permitiendo no sólo la inclusión de esos textos en la literatura occidental sino también una naturalización y una valorización, atribuyendo características particulares que permitan el desarrollo de los estudios y su difusión.

Aunque Virginia Woolf ya advirtió en 1928 de que toda escritora debe tener 'Una habitación propia', actualmente algunas creadoras aún siguen buscándola en la industria cultural.

El encaje roto

Emilia Pardo Bazán

Convidada a la boda de Micaelita Aránguiz con Bernardo de Meneses, y no habiendo podido asistir, grande fue mi sorpresa cuando supe al día siguiente -la ceremonia debía verificarse a las diez de la noche en casa de la novia- que ésta, al pie mismo del altar, al preguntarle el obispo de San Juan de Acre si recibía a Bernardo por esposo, soltó un «no» claro y enérgico; y como reiterada con extrañeza la pregunta, se repitiese la negativa, el novio, después de arrostrar un cuarto de hora la situación más ridícula del mundo, tuvo que retirarse, deshaciéndose la reunión y el enlace a la vez.

No son inauditos casos tales, y solemos leerlos en los periódicos; pero ocurren entre gente de clase humilde, de muy modesto estado, en esferas donde las conveniencias sociales no embarazan la manifestación franca y espontánea del sentimiento y de la voluntad.

Lo peculiar de la escena provocada por Micaelita era el medio ambiente en que se desarrolló. Parecíame ver el cuadro, y no podía consolarme de no haberlo contemplado por mis propios ojos. Figurábame el salón atestado, la escogida concurrencia, las señoras vestidas de seda y terciopelo, con collares de pedrería; al brazo la mantilla blanca para tocársela en el momento de la ceremonia; los hombres, con resplandecientes placas o luciendo veneras de órdenes militares en el delantero del frac; la madre de la novia, ricamente prendida, atareada, solícita, de grupo en grupo, recibiendo felicitaciones; las hermanitas, conmovidas, muy monas, de rosa la mayor, de azul la menor, ostentando los brazaletes de turquesas, regalo del cuñado futuro; el obispo que ha de bendecir la boda, alternando grave y afablemente, sonriendo, dignándose soltar chanzas urbanas o discretos elogios, mientras allá, en el fondo, se adivina el misterio del oratorio revestido de flores, una inundación de rosas blancas, desde el suelo hasta la cupulilla, donde convergen radios de rosas y de lilas como la nieve, sobre rama verde, artísticamente dispuesta, y en el altar, la efigie de la Virgen protectora de la aristocrática mansión, semioculta por una cortina de azahar, el contenido de un departamento lleno de azahar que envió de Valencia el riquísimo propietario Aránguiz, tío y padrino de la novia, que no vino en persona por viejo y achacoso -detalles que corren de boca en boca, calculándose la magnífica herencia que corresponderá a Micaelita, una esperanza más de ventura para el matrimonio, el cual irá a Valencia a pasar su luna de miel-. En un grupo de hombres me representaba al novio algo nervioso, ligeramente pálido, mordiéndose el bigote sin querer, inclinando la cabeza para contestar a las delicadas bromas y a las frases halagüeñas que le dirigen...

Y, por último, veía aparecer en el marco de la puerta que da a las habitaciones interiores una especie de aparición, la novia, cuyas facciones apenas se divisan bajo la nubecilla del tul, y que pasa haciendo crujir la seda de su traje, mientras en su pelo brilla, como sembrado de rocío, la roca antigua del aderezo nupcial... Y ya la ceremonia se organiza, la pareja avanza conducida con los padrinos, la cándida figura se arrodilla al lado de la esbelta y airosa del novio... Apíñase en primer término la familia, buscando buen sitio para ver amigos y curiosos, y entre el silencio y la respetuosa atención de los circunstantes.... el obispo formula una interrogación, a la cual responde un «no» seco como un disparo, rotundo como una bala. Y -siempre con la imaginación- notaba el movimiento del novio, que se revuelve herido; el ímpetu de la madre, que se lanza para proteger y amparar a su hija; la insistencia del obispo, forma de su asombro; el estremecimiento del concurso; el ansia de la pregunta transmitida en un segundo: «¿Qué pasa? ¿Qué hay? ¿La novia se ha puesto mala? ¿Que dice «no»? Imposible... Pero ¿es seguro? ¡Qué episodio!... «

Todo esto, dentro de la vida social, constituye un terrible drama. Y en el caso de Micaelita, al par que drama, fue logogrifo. Nunca llegó a saberse de cierto la causa de la súbita negativa.

Micaelita se limitaba a decir que había cambiado de opinión y que era bien libre y dueña de volverse atrás, aunque fuese al pie del ara, mientras el «sí» no hubiese partido de sus labios. Los íntimos de la casa se devanaban los sesos, emitiendo suposiciones inverosímiles. Lo indudable era que todos vieron, hasta el momento fatal, a los novios satisfechos y amarteladísimos; y las amiguitas que entraron a admirar a la novia engalanada, minutos antes del escandalo, referían que estaba loca de contento y tan ilusionada y satisfecha, que no se cambiaría por nadie. Datos eran éstos para oscurecer más el extraño enigma que por largo tiempo dio pábulo a la murmuración, irritada con el misterio y dispuesta a explicarlo desfavorablemente.

A los tres años -cuando ya casi nadie iba acordándose del sucedido de las bodas de Micaelita-, me la encontré en un balneario de moda donde su madre tomaba las aguas. No hay cosa que facilite las relaciones como la vida de balneario, y la señorita de Aránguiz se hizo tan íntima mía, que una tarde paseando hacia la iglesia, me reveló su secreto, afirmando que me permite divulgarlo, en la seguridad de que explicación tan sencilla no será creída por nadie.

-Fue la cosa más tonta... De puro tonta no quise decirla; la gente siempre atribuye los sucesos a causas profundas y trascendentales, sin reparar en que a veces nuestro destino lo fijan las niñerías, las «pequeñeces» más pequeñas... Pero son pequeñeces que significan algo, y para ciertas personas significan demasiado. Verá usted lo que pasó: y no concibo que no se enterase nadie, porque el caso ocurrió allí mismo, delante de todos; solo que no se fijaron porque fue, realmente, un decir Jesús.

Ya sabe usted que mi boda con Bernardo de Meneses parecía reunir todas las condiciones y garantías de felicidad. Además, confieso que mi novio me gustaba mucho, más que ningún hombre de los que conocía y conozco; creo que estaba enamorada de él. Lo único que sentía era no poder estudiar su carácter; algunas personas le juzgaban violento; pero yo le veía siempre cortés, deferente, blando como un guante. Y recelaba que adoptase apariencias destinadas a engañarme y a encubrir una fiera y avinagrada condición. Maldecía yo mil veces la sujeción de la mujer soltera, para la cual es imposible seguir los pasos a su novio, ahondar en la realidad y obtener informes leales, sinceros hasta la crudeza -los únicos que me tranquilizarían-. Intenté someter a varias pruebas a Bernardo, y salió bien de ellas; su conducta fue tan correcta, que llegué a creer que podía fiarle sin temor alguno mi porvenir y mi dicha.

Llegó el día de la boda. A pesar de la natural emoción, al vestirme el traje blanco reparé una vez más en el soberbio volante de encaje que lo adornaba, y era el regalo de mi novio. Había pertenecido a su familia aquel viejo Alençón auténtico, de una tercia de ancho -una maravilla-, de un dibujo exquisito, perfectamente conservado, digno del escaparate de un museo. Bernardo me lo había regalado encareciendo su valor, lo cual llegó a impacientarme, pues por mucho que el encaje valiese, mi futuro debía suponer que era poco para mí.

En aquel momento solemne, al verlo realzado por el denso raso del vestido, me pareció que la delicadísima labor significaba una promesa de ventura y que su tejido, tan frágil y a la vez tan resistente, prendía en sutiles mallas dos corazones. Este sueño me fascinaba cuando eché a andar hacia el salón, en cuya puerta me esperaba mi novio. Al precipitarme para saludarle llena de alegría por última vez, antes de pertenecerle en alma y cuerpo, el encaje se enganchó en un hierro de la puerta, con tan mala suerte, que al quererme soltar oí el ruido peculiar del desgarrón y pude ver que un jirón del magnífico adorno colgaba sobre la falda. Solo que también vi otra cosa: la cara de Bernardo, contraída y desfigurada por el enojo más vivo; sus pupilas chispeantes, su boca entreabierta ya para proferir la reconvención y la injuria... No llegó a tanto porque se encontró rodeado de gente; pero en aquel instante fugaz se alzó un telón y detrás apareció desnuda un alma.

Debí de inmutarme; por fortuna, el tul de mi velo me cubría el rostro. En mi interior algo crujía y se despedazaba, y el júbilo con que atravesé el umbral del salón se cambió en horror profundo. Bernardo se me aparecía siempre con aquella expresión de ira, dureza y menosprecio que acababa de sorprender en su rostro; esta convicción se apoderó de mí, y con ella vino otra: la de que no podía, la de que no quería entregarme a tal hombre, ni entonces, ni jamás... Y, sin embargo, fui acercándome al altar, me arrodillé, escuché las exhortaciones del obispo... Pero cuando me preguntaron, la verdad me saltó a los labios, impetuosa, terrible... Aquel «no» brotaba sin proponérmelo; me lo decía a mí propia.... ¡para que lo oyesen todos!

—¿Y por qué no declaró usted el verdadero motivo, cuando tantos comentarios se hicieron?

—Lo repito: por su misma sencillez... No se hubiesen convencido jamás. Lo natural y vulgar es lo que no se admite. Preferí dejar creer que había razones de esas que llaman serias..

La casa donde murió

Julia de Asensi

I

Camino del pueblo de B..., situado cerca de la capital de una provincia cuyo nombre no hace al caso, íbamos en un carruaje, tirado por dos mulas, Cristina, su madre, Fernando el prometido de la joven, y yo.

Eran las cinco de la tarde, el calor nos sofocaba porque empezaba el mes de Agosto, y los cuatro guardábamos silencio. La señora de López rezaba mentalmente para que Dios nos llevase con bien al término de nuestro viaje; Cristina fijaba sus hermosos ojos en Fernando que no reparaba en ello, y yo contemplaba la deliciosa campiña por la que rodaba nuestro coche.

Serían las seis cuando el carruaje se detuvo a la entrada del pueblo; bajamos y nos dirigimos a una capilla donde se veneraba a Nuestra Señora de las Mercedes, a la que la madre de Cristina tenía particular devoción. Mientras esta señora y su hija recitaban algunas oraciones, Fernando me rogó que le siguiera al cementerio, situado muy cerca de allí, donde estaba su padre enterrado. Le complací y penetramos en un patio cuadrado, con las tapias blanqueadas, y en el que se observaban algunas cruces de piedra o de madera, leyéndose sobre lápidas mortuorias varias inscripciones un tanto confusas. En un rincón vi a una mujer arrodillada, en la que mi compañero no pareció fijarse al pronto.

Me enseñó la tumba de su padre, que era sencilla, de mármol blanco, y comprendí que no era únicamente por verla por lo que el joven había llegado hasta allí. Observé que buscaba alguna cosa que no encontraba, hasta que vio a la mujer, que era una vieja mal vestida y desgreñada, que le estaba mirando atentamente. Fernando bajó los ojos, y ya iba a alejarse, cuando la anciana se levantó y le llamó por su nombre, obligándole a detenerse.

-¿Qué desea V., madre María? -la preguntó en un tono que quería parecer sereno.

-Lo de siempre -contestó la vieja, en cuya mirada noté cierto extravío-, preguntarte en dónde has ocultado a mi niña. Diez años hace que te la has llevado, bien lo sé, y hoy me han dicho en el pueblo que vienes aquí para celebrar tu boda con otra.

-No ignora V., madre María, que su hija murió hace diez años y que yo pagué su entierro para que su hermoso cuerpo descansase en este campo-santo. A mi vez le pregunto: ¿dónde se encuentra la tumba de la pobre Teresa?

-¿Acaso lo sé yo? Un día vine aquí, busqué la cruz que me indicaba el lugar donde me decían que estaba ella, y ¿sabes lo que vi? Un hoyo vacío, y un poco más lejos la tierra recientemente removida. Había cumplido el plazo, y como nadie cuidó de renovarlo y pagar, aquel rincón no pertenecía ya a mi hija y la habían echado a la fosa donde arrojan a los pobres, a los que entierran de limosna.

-¡Pero eso es una infamia! Yo envié dinero para esa renovación -exclamó Fernando.

-No digo que no, pero la persona a quien tú escribiste estaba gravemente enferma, en dos meses no abrió tu carta y entonces ya era tarde.

El joven bajó la cabeza y no replicó.

-¿Con quién te casas? -le preguntó la vieja.

-Con la señorita Cristina López.

-¿Y cuándo te casas?

-Dentro de tres días.

-Eso será si Teresa lo consiente; ella es tu desposada y no tardará en venir a buscarte.

-Madre María -dijo con tristeza el joven-, Teresa no puede venir; los muertos no salen de los sepulcros.

-Ya me lo dirás mañana temprano; por hoy vete en paz.

-Adiós -murmuró Fernando, dirigiéndose hacia la salida del cementerio, donde yo le seguí.

-Sin duda te habrá extrañado lo que acabas de ver y oír -me dijo apenas estuvimos fuera-; pero no será así cuando te cuente esa historia de los primeros años de mi juventud, que deseo conozcas en todos sus detalles. Vamos ahora con Cristina y su madre, que sin duda nos esperan ya; y luego, mientras ellas visitan la casa que hemos de habitar y en la que está mi tía, la futura madrina de mi boda y por la que hacemos hoy este viaje, lo sabrás todo.

Cristina y su madre nos esperaban, en efecto, y juntos nos dirigimos a casa de la tía de Fernando, que estaba situada en la plaza del pueblo, haciendo esquina a una calle estrecha y sombría, en la que, sin saber por qué, entré con una profunda tristeza.

La tía del joven no me agradó; era una señora de unos cincuenta años, alta, delgada, con ojos grises muy pequeños, nariz larga que se inclinaba hacia su barba puntiaguda, y cabellos casi blancos recogidos en una gorra de color oscuro. Estaba muy enferma, y como había servido de madre a Fernando, este había suplicado a la señora de López que la boda se celebrase en el pueblo, para evitar a su tía las molestias de un viaje que, aunque corto; hubiera sido sumamente penoso para ella.

Mientras Cristina y las dos señoras visitaban la casa y recibían a los numerosos amigos que acudieron al saber su llegada, Fernando, que se había obstinado en no subir al piso superior, me llamó, me hizo sentar a su lado, y empezó la prometida historia en estos términos:

-Hace once años, cuando solo tenía yo veinte y había acabado la carrera de abogado en Madrid, mi padre me envió una temporada a este pueblo para que hiciese una visita a su única hermana, que es esa señora a quien acabas de ver. Era yo huérfano de madre, me había educado sin sus consejos, lejos también de mi padre, al que retenían fuera de su casa constantes ocupaciones; así es, que puedo asegurar que desconocía casi totalmente lo que eran los goces de familia. Aunque heredero de una mediana fortuna, no debía entrar en posesión de ella hasta mi mayor edad; tenía muchos compañeros de estudios, pero ningún amigo; por lo tanto, excusado es decir que, hallándome casi solo en el mundo, me apresuré a aceptar con júbilo lo que mi padre me proponía, poniéndome en camino para este pueblo con el alma inundada de dulces emociones. ¿Correspondió esto a lo que yo esperaba? Seguramente no. Mi tía, a la que no veía desde niño, me fue al pronto repulsiva, por más que se mostrara desde luego cariñosa y tolerante conmigo; el pueblo me pareció triste, a pesar de sus jardines y de las pintorescas casitas que hay en él; sus habitantes poco simpáticos, aunque todos me saludaban con afecto. Me dediqué a la caza, estudié un tanto la botánica, y así se pasó un mes, durante el cual llegué a reconciliarme con mi tía, con el pueblo y con sus moradores.

Una mañana, al volver a casa, encontré, al pasar por una de las habitaciones, a una muchacha de quince a diez y seis años, a la que nunca recordaba haber visto, cosiendo con el mayor afán. Al oír mis pasos alzó la cabeza, y aunque la bajó de nuevo casi en seguida, no fue tan pronto para que no hubiera observado que tenía una frente blanca y pura que adornaban hermosos cabellos castaños, ojos pardos que lanzaban miradas francas o inocentes, una boca pequeña, una nariz más graciosa que perfecta y unas mejillas coloreadas por un suave carmín. No le dirigí la palabra; pero pregunté a un criado quién era, sabiendo por él que venía a coser casi todos los días a casa de mi tía Catalina, que era huérfana de padre, que mantenía a su madre enferma, de la que era el único sostén, pues había perdido a sus tres hijos mayores, no quedándole más amparo y consuelo que aquella niña. La historia me interesó; yo era joven, la muchacha hermosa, no habíamos amado nunca; empezamos a hablar, sin que mi tía lo advirtiese, y acabamos por adorarnos. Teresa no había recibido una educación vulgar; hasta los doce o trece años había estudiado en el convento de religiosas del pueblo, saliendo de él a la muerte de su padre, acaecida hacía cuatro años.

No sé quién refirió a mi tía nuestros amores; ello es que los supo, que me amonestó con dureza, amenazándome con hacerme marchar a Madrid, después de escribírselo todo a mi padre; y desde entonces la joven no volvió a mi casa, y tuve diariamente que saltar las tapias de su jardín para verla y hablarla sin que su madre lo advirtiera, pues también se oponía a nuestras amorosas relaciones.

Así estaban las cosas, cuando hace poco más de diez años caí gravemente enfermo, atacado de unas calenturas contagiosas. Mi tía se alejó de mí, los criados se negaron a asistirme, y entonces María y Teresa se ofrecieron a ser mis enfermeras, no pudiendo oponerse mi tía a ello porque mi estado era cada vez más alarmante y exigía continuos cuidados.

Desde el momento en que Teresa estuvo a mi lado sentí un dulce bienestar, la fiebre desaparecía por instantes; pero se me figuraba ver que las mejillas de mi amada tomaban tintes rojizos, que sus labios estaban comprimidos y ardientes, que sus ojos brillaban con un fuego extraño. La enfermedad que huía de mí, se iba apoderando de ella, y era mi mismo mal el que la devoraba.

-¿Qué tienes? -le pregunté.

-He pedido tanto a Dios que salvase tu vida a costa de la mía -murmuró la joven-, que me parece que por fin se ha dignado escucharme y me voy a morir antes que tú.

Aquello era cierto; por la noche Teresa se agravó tanto, que no pudo volver a su casa, y mi tía le ofreció su cuarto y su cama para que descansase; entonces estaba profundamente agradecida a los tiernos cuidados de la joven.

Excusado es decir que doña Catalina pensaba renunciar para siempre a su habitación y a su lecho, temiendo el contagio de la enfermedad.

Me restablecí pronto, a medida que el estado de la joven iba siendo peor. Estaba desesperado, loco. Su madre también empezaba a perder la razón. Un día me dijo el médico: «Ya no hay remedio para este mal». Y ella también murmuró a mi oído: «Me muero, pero soy feliz, porque tú me amas y me amarás siempre».

-¡Oh, te lo juro! -exclamé-; mi corazón y mi mano no serán de otra mujer jamás.

-Eso lo sé mejor que tú -dijo sonriendo dulcemente-; también sentiré celos desde otro mundo de la mujer a quien ames, y no consentiré que seas perjuro. No quieras a otra, no te cases nunca; no hay un ser en la tierra que pueda adorarte lo que yo, y yo te aguardaré en el cielo.

Dos días después espiraba aquella angelical criatura, que ofreció a Dios su vida a cambio de la mía.

Su madre se volvió loca.

Pagué el entierro de Teresa; compré una sepultura por diez años... ya sabes que hoy ignoro dónde descansa su hermoso cuerpo; envié una carta a mi tía, que no la leyó hasta dos meses después de cumplirse el plazo, porque ella también estaba enferma.

Decirte que durante estos diez años el recuerdo de Teresa me ha perseguido constantemente, sería faltar a la verdad; he amado a otras mujeres, y hace cuatro años estuve a punto de casarme con una hermosa joven; pero la desgracia hizo que un mes antes de verificarse nuestro enlace, los padres encontrasen un pretendiente a la mano de mi amada mejor que yo, y este me fue preferido por ellos, y la novia tuvo que someterse a la voluntad de sus tiranos.

Hoy adoro a Cristina y quiero unir su suerte a la mía, como ya se han unido nuestras almas. ¿Lo conseguiré? Temo que no. La fatalidad me ha traído al pueblo donde vivió Teresa; habito... esta morada llena con su recuerdo; vengo a pasar los primeros días de mi matrimonio en la casa donde ella murió, y un secreto presentimiento me dice que Cristina no llegará a ser esposa mía. Ahí tienes la historia de mis amores: ¿crees que mi temor sea fundado, o que la exaltación en que me hallo es hija de mis pasadas desdichas?

Procuré tranquilizar a Fernando, y después; mientras el joven se reunía a su bella prometida, tuve deseos de ver aquella habitación donde Teresa había muerto, y me hice conducir a ella por un antiguo servidor de doña Catalina.

II

Entré en una sala lujosamente amueblada; pasé por allí sin detenerme apenas, y abrí la puerta de un gabinetito en el que estaba la alcoba donde murió la desgraciada niña. Un lecho de madera tallada, algunas sillas de tapicería floreada, una cómoda, un lavabo y algunos cuadros se veían en la pieza, todo cubierto de polvo, señal evidente de que aquella parte de la casa estaba abandonada por completo. El gabinete tenía una sola ventana con vistas a la calle estrecha y sombría, a la que hacía esquina la casa de Fernando; enfrente de la ventana había un armario de espejo; a un lado de este estaba la puerta de la alcoba, al otro una mesita de escribir; algunas sillas iguales a las del dormitorio completaban el mueblaje del gabinete que diez años antes perteneció a la tía de Fernando.

Permanecí allí breves instantes, y luego, llegada ya la hora de la cena, fui en busca de la familia y de sus convidados, sentándonos todos a una mesa suntuosamente servida. La cena duró bastante tiempo, y antes de terminarla, un suceso imprevisto vino a turbar la alegría de algunos y a causar profunda impresión en el ánimo de Fernando. Las campanas de la parroquia tocaban de una manera lúgubre; su voz, siempre triste, parecía una queja que hería nuestros oídos a la vez que nuestro corazón.

-¿A qué tocan? -preguntó Cristina a un criado que estaba cerca de ella.

-A agonía -contestó el hombre con tono indiferente-. Aquí en los pueblos, señorita, se toca por todo: cuando uno va a morir, cuando muere, cuando es el funeral y...

-¿Quién está muriendo? -interrumpió Cristina.

-Una joven de diez y siete años.

-¿Cómo se llama? -preguntó Fernando, cuyo rostro estaba lívido.

-Teresa -dijo el criado.

Doña Catalina le lanzó una mirada furiosa; Fernando bajó los ojos, y observé que sus manos temblaban; en Cristina y su madre sólo se advertía una profunda compasión hacia la infeliz criatura que en lo más hermoso de su vida, en lo más florido de su juventud, iba a abandonar esta tierra por un mundo desconocido. Era Cristina tan dichosa, que pensaba que la humanidad entera debía participar de su ventura y no querer cambiarla por todos los goces celestiales.

Fernando, pretextando que el calor que en el comedor hacía era sofocante, pidió permiso para retirarse un momento a la habitación inmediata, y yo le seguí.

-¿Qué te pasa? -le pregunté.

-Se llama Teresa y tiene diez y siete años -murmuró.

-Es una casualidad.

-Una casualidad así, ¿no te parece un mal presagio tres días antes de mi boda?

Procuré distraerle, pero en vano; la campana lanzaba un tañido más fúnebre todavía y Fernando, que conocía aquel toque, me dijo que la enferma había dejado de existir.

Le hice entrar de nuevo en el comedor, y las dulces palabras de Cristina vencieron los temores de Fernando, que permaneció tranquilo hasta las doce de la noche, hora en que todos nos despedimos hasta el día siguiente, retirándonos cada cual a nuestras respectivas habitaciones. La mía tenía una ventana con vistas a la plaza y se hallaba situada debajo de la de mi amigo. Sin saber por qué, no me era posible conciliar el sueño; me puse a leer un rato, escribí otro, y, por último, me levanté y empecé a pasear con alguna agitación por la alcoba.

Un instante después noté cierto movimiento en la de Fernando, oí abrir varias puertas con sigilo, las pisadas que empezaron a sonar sobre el techo de mi cuarto se perdieron a lo lejos, y un secreto instinto me advirtió que mi presencia era necesaria al joven. Sin darme cuenta de mis acciones, salí precipitadamente en dirección al sitio donde murió Teresa.

Mi amigo se hallaba a dos pasos de la puerta del gabinete sin atreverse a abrirla. Al verme, no pareció extrañar que me hubiera levantado, como si fuera la cosa más natural del mundo, y extendiendo su mano hacia la habitación cerrada, me dijo:

-Hace diez años no entro ahí.

-Ni hoy entrarás tampoco -exclamé con decisión-. Tú estás loco y has empezado a contagiarme. No debiste nunca volver a esta casa, ni aun a este pueblo.

-Hace once años que mi tía es una madre para mí; once años que sé lo que es el amor filial; ¿querías que me casase lejos de ella?

-En buen hora; ya has cumplido con ese deber; ¿pero es preciso que entres ahí?

-Una vez sola -dijo en tono suplicante-; una sola para saber si Teresa permite que me case con Cristina. Mira -añadió-, si al entrar en su cuarto lo hallo todo como hace diez años, la cómoda, la cama, las sillas, me marcho tranquilo y soy feliz; si, por el contrario, encuentro alguna alteración...

-Eres un niño -le interrumpí-; pero si no deseas más que eso, entra, y la paz y la felicidad sean contigo.

Sabía, por haberlo visto por la tarde, que todo estaba igual en el cuarto donde murió Teresa, y no vacilé más, dejando pasar al joven al gabinete.

Fernando abrió la puerta, y murmuró:

-Hay luz dentro.

Me estremecí a pesar mío; un frío glacial se apoderó de mí, porque al entrar mi amigo y yo vimos clara y distintamente en la alcoba de Teresa un lecho mortuorio, cubierto de negros paños, algunos hachones encendidos rodeando un ataúd, en el que descansaban los yertos despojos de una hermosa joven vestida de blanco y coronada de flores. Al lado de ella velaba una mujer en la que reconocí a la madre María, la loca que hallé por la tarde en el cementerio.

Fernando lanzó un grito extraño y se dejó caer de rodillas ocultando el rostro con las manos; yo cerré los ojos, di algunos pasos y tropecé con la puerta de la alcoba. Miré entonces y vi el dormitorio obscuro y desierto.

-Estamos los dos locos -murmuré. Volví en busca de Fernando y lo comprendí todo. Por la tarde el criado había dejado inadvertidamente abierta la ventana del gabinete; ésta, como es sabido, daba a una calle estrecha, y en la casa de enfrente, en una pobre habitación, se hallaba el cadáver de aquella joven desconocida, velado por la madre de Teresa. Tan triste cuadro se reflejaba en el espejo del armario colocado al lado de la puerta de la alcoba, y esto nos hizo suponer, a causa del estado excepcional en que Fernando y yo nos hallábamos, que aquel cuerpo inerte descansaba en la propia casa de mi amigo. La presencia de la madre María era natural allí, pues según acostumbraba a hacer desde la muerte de su hija, pasaba las noches al lado del cadáver de cualquiera joven que muriese en el pueblo. La que había dejado de existir era sobrina de la anciana y llevaba por eso el nombre de su hija.

Cerré la ventana y volví al lado de Fernando.

Le llamé repetidas veces y no me contestó nada.

Algo extraño e invisible ocurrió en aquella habitación; me pareció escuchar un confuso aleteo, se obscureció mi vista y tuve que apoyarme en el armario para no caer.

-¡La casa donde murió! -exclamó Fernando con voz apagada-; tenía que ser así. Amada mía, espérame, ya voy.

Recobré al fin mi sangre fría, hablé a mi amigo, cogí sus manos, que estaban yertas, y las separé de su rostro, que parecía el de un muerto. Después salí corriendo para llamar a los criados en mi auxilio.

Media hora más tarde la señora de López, Cristina, doña Catalina, un sacerdote y yo, rodeábamos la cama donde descansaba Fernando.

-¡Cuánto duerme! -exclamó Cristina.

Me acerqué a él, hice una seña al sacerdote, y éste puso una mano sobre el pecho de Fernando, retrocediendo al punto, porque el corazón de mi amigo no latía.

-¿Qué hay? -me preguntó doña Catalina; y comprendiendo lo que pasaba añadió:

-Era lo único que me quedaba en el mundo; cúmplase la voluntad de Dios.

El sacerdote pronunció en voz baja algunas oraciones.

Me volví hacia la puerta y vi a la madre María que, no sé cómo, se había introducido hasta allí.

-Mi hija es feliz -murmuró-; me ha dicho que Fernando y ella se han desposado ya; sabía que esto no sucedería hasta que él viniese al cuarto donde Teresa estuvo enferma, a la casa donde murió. Diez años he aguardado; ¡alabado sea el Señor, que al fin me ha concedido esta ventura!

Luz y sombra

Soledad Acosta de Samper

I

La juventude

Brillaba Santander en toda su gloria militar, en todo el esplendor de sus triunfos y en el apogeo de su juventud y gallardía. El pueblo se regocijaba con su adquirida patria, y el gozo y satisfacción que causa el sentimiento de la libertad noblemente conquistada se leía en todos los semblantes.

Contaba yo de catorce a quince años. Había perdido a mi madre poco antes, y mi padre, viéndome triste y abatida, quiso que acompañada por una señora respetable, visitase a Bogotá y asistiese a las procesiones de Semana Santa, que se anunciaban particularmente solemnes para ese año. En aquel tiempo el pueblo confundía siempre el sentimiento religioso con los acontecimientos políticos, y en la semana santa cada cual procuraba manifestarse agradecido al que nos había libertado del yugo de España.

Triste, desalentada, tímida y retraída llegué a casa de las señoritas Hernández, donde mi compañera, doña Prudencia, acostumbraba desmontarse en Bogotá. Las Hernández eran las mujeres más de moda y más afamadas por su belleza que había entonces, particularmente una de ellas, Aureliana. Llegamos el lunes santo a las dos de la tarde, y doña Prudencia, deseosa de que yo no perdiese procesión, me obligó a vestirme, y casi por fuerza me llevó a un balcón de la calle real a reunirnos a las Hernández, que ya habían salido de casa.

Cuando vi los balcones llenos de gente ricamente vestida, las barandas cubiertas con fastuosas colchas, y me encontré en medio de una multitud de muchachas alegres y chanceras, me sentí profundamente triste y avergonzada, y hubiera querido estar en el bosque, más retirado de la hacienda de mi padre.

-¡Allá viene Aureliana! -exclamó doña Prudencia.

-¿Dónde? -pregunté, deseosa de conocerla; pues su extraordinaria hermosura era el tema de todas las conversaciones.

-Aquella que viene rodeada de varios caballeros.

-¿La que trae saya de terciopelo negro con adornos azules y velo de encaje negro?

-No, ésa es Sebastiana, la hermana mayor. La que viene detrás con una saya de terciopelo violeta, guarniciones de raso blanco y mantilla de encaje blanco, es Aureliana.

¡No creo que haya habido nunca mujer más hermosa! Un cuerpo elegante y gallardo, una blancura maravillosa, ojos que brillaban como soles, labios divinamente formados que cubrían dientes de perlas... y por último sin igual donaire y gracia. Subió inmediatamente al balcón en que yo estaba, rodeada por un grupo de jóvenes que como mariposas giraban en torno suyo. Los saludos, las sonrisas, las miradas tiernas, los elogios más apasionados eran para Aureliana. Sebastiana era también muy bella, pero su hermana arrebataba y hacía olvidar a todas las demás. Su gracia, sus movimientos elegantes, su angelical sonrisa y mirada, ya lánguida, ya viva, alegre o sentimental, todo en Aureliana encantaba.

Volví con las Hernández a su casa, pero era tal la impresión que Aureliana me había causado, que no podía apartar mi vista de su precioso rostro. Enseñada a que generalmente las demás mujeres la mirasen con envidia, la hermosa coqueta comprendió mi sencilla admiración, me la agradeció, y llamándome a su lado, me hizo mil cariños, halagándome con afectuosas palabras. Al tiempo de retirarse a su cuarto me llevó consigo, diciendo que me tomaba bajo su protección durante mi permanencia en Bogotá.

El cuarto estaba lujosamente amoblado. Sobre las mesas se veían los regalos que le habían enviado aquel día: joyas, vestidos, adornos costosos, piezas de vajilla, flores naturales y artificiales, frutas raras y exquisitas..., en fin, allí estaban los objetos más curiosos que se podían encontrar en Bogotá.

-¿Es hoy el cumpleaños de usted? -le pregunté admirada al ver tantos regalos.

-No -me contestó con aire de triunfo-. Mis sonrisas valen más que todo esto que me envían en cama uno de los que se me han acercado hoy, al comprender algún capricho mío, me ha querido complacer enviando lo que deseaba.

Un no sé qué de irónica y triste pasó por su lindo rostro al decir estas palabras, e instintivamente sentí que aquella existencia de vanidad me repugnaba.

Durante las dos semanas que permanecí en Bogotá estuve continuamente con Aureliana, y al tiempo de despedirme vi brillar una lágrima de sentimiento entre sus crespas pestañas. A pesar de los homenajes de todos los altos personajes de la República, de las fiestas que le daban y de los elogios que le prodigaban, la humilde admiración de una campesina despertó en su corazón un cariño sincero.

Me hallaba algunos años después en Tocaima con mi padre enfermo, cuando se supo que en esos días llegarían las Hernández. Éste fue un acontecimiento para todos los que estaban en el Pueblo. Aureliana se había enfermado ¡qué calamidad! Se dijo que el presidente le prestaría su coche para atravesar la Sabana y que los mejores caballos de la capital estaban a su disposición. En la Mesa le prepararon una silla de manos, por si acaso prefería ese modo de viajar. En fin, cuando se supo que llegaba la familia Hernández, salieron todos los principales habitantes del lugar a recibirla.

Les habían destinado la mejor casa de Tocaima, y cada cual envió cuanto creía que la enferma pudiese necesitar. Apenas supo Aureliana que yo estaba en el pueblo, me mandó llamar con mil afectuosas expresiones. La encontré pálida, pero bella como siempre. Aunque la acompañaba una comitiva bastante numerosa de jóvenes y amigas de Bogotá, gustaba mucho de mi compañía y pasábamos una gran parte del día juntas.

Una noche dieron en el pueblo un baile para festejar la reposición de Aureliana; pero ella al tiempo de salir, dijo que no se sentía bastante fuerte para concurrir al baile y que permanecería en su casa; y en efecto, me envió a llamar para que la acompañase aquella noche.

La halló sola en un cuartito que habían arreglado para ella con lo mejor que se encontró en el lugar. Una bujía puesta detrás de una pantalla esparcía su luz suave por la pieza, y en medio de las sombras se destacaba la aérea figura de Aureliana, que ataviada caprichosamente con un vestido popular, dejaba descubiertos sus brazos torneados y ocultaba en parte sus espaldas bajo un paño de linón blanco. Estaba recostada en una hamaca y apoyando la cabeza sobre el brazo doblado, con la otra mano acariciaba sus largas trenzas de cabellos rubios que hacían contraste con sus rasgados ojos negros y brillantes.

-¡Bienvenida, Mercedes! -dijo lánguidamente al verme-. Mi madre y mis hermanas se fueron al baile y no las acompañé porque estoy demasiado fastidiada para pensar en diversiones.

-¡Usted fastidiada! -exclamé.

-¿Y porqué no? ¿acaso no se encuentra siempre hiel en toda copa de dicha que apuramos hasta el fondo?

-¡Qué poética está usted esta noche!

-No soy yo; esa frase me la enseñó Gabriel el literato, uno de mis adoradores.

-Pero no debería usted ni en chanza quejarse de su suerte.

-No, no me quejo. He obtenido de los demás cuanto he querido... pero...

-¡Cómo! -exclamé- ¿no le basta aún tanta adoración, tanto amor como el que la rodea?

-Siéntate a mi lado, Mercedes -me dijo, tuteándome de repente-: no sé por qué tengo por ti tanta predilección -y añadió en voz baja-: será tal vez porque eres la única mujer (no exceptúo a mis hermanas) que no se ha mostrado envidiosa de mí... ¡Ah! -exclamó un momento después con tristeza-, ¡cuán poco fundamento tienen para ello!

Yo no sabía qué contestarle y guardé silencio.

-Dime -añadió-, ¿sabes lo que es amar?

Bajé los ojos sin contestar: sabía lo que era amar pero ese sentimiento lo guardaba en mi corazón como un secreto.

-¿No me contestas? No es una pregunta vana ni una curiosidad mujeril. Deseo saber la verdad... quisiera comprender lo que hay en otro corazón...

-Hace dos años -contesté-, que estoy comprometida a casarme, y nunca me ha pesado. Eso le bastará a usted para comprender que sé lo que es amar.

-Eres más feliz que yo entonces -repuso apoyando su mano afectuosamente sobre la mía-. Yo nunca he podido amar verdaderamente. Ésa es la herida secreta de mi alma. ¡Tengo cerca de treinta años y no sé lo que es amar con el corazón, con abnegación, con ternura! Mi vanidad ha sido halagada mil veces: mi imaginación se ha entusiasmado; pero mi corazón no ha sabido, no ha podido amar sinceramente. Nunca me ha ocurrido olvidarlo todo por el objeto amado: nunca he encontrado tranquilidad ni completa dicha al lado de uno solo. Me dicen que amar es vivir pensando siempre en el ser predilecto, asociándolo a todos los momentos de nuestra vida, siendo su nombre la primera palabra al despertar, y siendo él nuestro último pensamiento al dormirnos... Amar debe de ser vivir en un mundo aparte, sintiendo emociones inefables de suprema ternura... Dime, ¿es así como amas?

-Ha descrito usted mis más íntimos sentimientos. Pero añadí-, amar es también sufrir ¿no es usted más feliz con su tranquilidad?

-No, hija mía: hay más dicha en amar que en ser amado, me ha dicho muchas veces Vicente el poeta, y lo creo. Tenía yo apenas catorce años cuando por primera vez comprendí que mi belleza inspiraba amor y avasallaba. Encantada, creí corresponder durante algunos días ¡pobre Mariano! La ilusión pasó al momento que otro de mejor presencia se me acercó. Creí haberme equivocado en mi primer afecto y lo rechacé para acoger al segundo. Pero sucedió lo mismo con éste y los demás. Para entonces sabía el precio de mi palabra más insignificante, de mis miradas más vagas y, te lo confieso, me hice coqueta con el corazón vacío y la imaginación ardiente. La sociedad entera estaba a mis pies: ninguna mujer podía competir conmigo. Las palabras de adoración que oía no causaban impresión en mi corazón: las recibía con frialdad, pero las contestaba con fingida ternura.

Instintivamente me aparté del lado de Aureliana. Esta mujer tan fría y tan hermosa me horrorizaba. Su corazón parecía una de aquellas cumbres nevadas a cuya cúspide nunca han logrado llegar los viajeros.

-Una vez -continuó, sin cuidarse de mi movimiento de repulsión-, una vez comprendí que en el círculo de admiradores que me rodeaban había un joven que criticaba mi modo de ser y que no sentía por mí ninguna admiración. Esto me chocó al principio y me dolió al fin. Fernando, así se llamaba, se manifestaba siempre serio y severo conmigo y aun a veces tuvo la audacia de censurarme. Su frialdad delante de mí y sus improbaciones me causaron tanto disgusto, que decidí conquistarlo a todo trance. Sin manifestárselo claramente desplegué para él todas mis artes, mostrándome tan afectuosa, que pronto vi que le habían hecho mella mis atenciones; pero aunque sus modales eran los de un hombre galante, no se manifestaba enamorado. Si no lo venzo, pensé, es un hombre superior y digno de un afecto verdadero. Sin embargo, Fernando no buscaba mi sociedad con preferencia, aunque ya no me censuraba como antes; y afectaba hablar delante de mí de la belleza de otras mujeres. Desgraciadamente mi carácter no es constante, y mi entusiasmo que sólo dura un momento, cede ante cualquiera dificultad. No hubiera querido verlo a mis pies, pero no consentía mi amor propio que admirara a otras mujeres. Mientras tanto nuevas conquistas y diversiones ocuparon mi pensamiento y olvidé el noble propósito, apenas formado, de gozar con un amor secreto aunque no fuera correspondido.

-¡Qué carácter tan extraño tiene usted! pero continúe; ¿que se hizo Fernando?

-Lo vas a oír. Hace algunos meses el Libertador dio un baile en una quinta en los alrededores de Bogotá. La noche estaba lindísima y la luna iluminaba los jardines.

Fatigada del ruido y deseosa de encontrarme sola para leer una carta que se me había entregado misteriosamente, me escapé de la casa sin ser vista, y me dirigí hacia un pabellón situado en el fondo del jardín, en donde sabía que hallaría luz y soledad. Envuelta en un grueso pañolón que me escudaba del frío de la noche, atravesé prestamente el jardín y tomé una senda sombreada por arbustos, y cortada por un arroyo que bajaba resonante del vecino cerro. El contraste del ruido, las luces, la armonía y la agitación de un baile con el tranquilo paisaje que atravesaba, me predispuso a una melancolía vaga muy extraña a mi carácter. Una lámpara colgada del techo iluminaba el pabellón: al llegar a él me dejé caer sobre un sofá y se me escapó un suspiro. Otro suspiro hizo eco a mi lado, y volviéndome hacia la puerta vi que un caballero estaba ahí en pie. Disgustada del espionaje impertinente iba a reconvenir al que había interrumpido mi soledad, cuando éste desembozándose descubrió la pálida e interesante fisonomía de Fernando.

-¿Fernando -dije-, es usted?

-Tiene usted razón de admirarse, Aureliana: no debía hallarme aquí -dijo; y tomándome la mano, que instintivamente le alargaba, imprimió sus labios en ella.

-¿Para qué luchar más? -añadió sentándose a mi lado-; ¿para qué fingir despego cuando no puedo menos que adorarla?

No sé si el corazón de todas las mujeres es igual al mío; pero en vez de sentirme dichosa con mi antes anhelada conquista, mi corazón permaneció tranquilo e indiferente. La desilusión más profunda se apoderó de mí al comprender que no era capaz de amar al único hombre que tanto había admirado; y en lugar de contestarle como hubiera hecho a otro cualquiera, bajé la cabeza en silencio y con amargura pensaba que todos los hombres son iguales puesto que basta lisonjear su vanidad para verlos rendidos.

Fernando me refirió entonces la historia de su amor. Me confesó que cuando me había conocido, primero sintió hacia mí cierta repulsión y odio, y miraba con desdén a todos los que se me humillaban; pero que el deseo que le manifestó de oír sus consejos y de agradarle, en lugar de resentirme por sus censuras, lo había sorprendido y poco a poco su odio fue cambiándose, en un afecto verdadero que se convirtió en amor violento. Disgustado y humillado al comprender que no tenía fuerza para defenderse, había luchado largo tiempo por vencer su inclinación, y al fin determinó huir de mí y me había hecho entregar sigilosamente una carta aquella noche. Era una tierna despedida.

Logré que Fernando no partiera. Deseaba despertar en mi corazón aquel interés que había creído sentir por él en un tiempo. ¡Amar debe de ser tan bello! Pronto el mismo Fernando descubrió que yo misma procuraba engañarme y que nunca podría amarlo. Sentía sin embargo perder un corazón tan noble y quise convencerlo de que lo amaba, pero él no se engañó, y se despidió de mí resignado y triste, bien que sin manifestarse herido en su amor propio. Hace un mes supe que había muerto en Cartagena en un duelo por causa mía, defendiéndome de las calumnias que propagaba contra mí un oficial a quien había desdeñado. Esta muerte, me causa a veces remordimientos. ¿Pero qué culpa tengo si no lo podía amar? Nunca le dijo que no le correspondía...

-En eso estuvo el error.

-Tal vez; pues me decía que mis miradas y mis expresiones de cariño le habían hecho concebir esperanzas, y creía por momentos que no lo miraba con indiferencia. Sin esa idea jamás me hubiera amado.

-¡Pobre joven! -exclamé-; -¡Pobre joven! -exclamé

-No digas eso -contestó Aureliana con amargura-. El que ama está recompensado con el grato sentimiento que lo anima. Algunas veces me he sentido inspirada por ráfagas, desgraciadamente pasajeras, de una ternura que me ha henchido el corazón, ennoblecido el alma y llenándome de bellos pensamientos. ¡Pero cuán cortos han sido estos instantes! He pasado mis días buscando con ahínco el amor, único objeto de la vida de una mujer, pero en su lugar sólo he hallado desengaños y vacío. No creas que la coquetería que me tachan, quizás con razón, es el fruto de un corazón pervertido; no lo creas: es que busco en todas partes un ideal que huye de mí incesantemente.

El lenguaje escogido, aunque sin verdadera profundidad de ideas que distinguía a Aureliana, la hacía en extremo agradable, pero no sabía hablar con elocuencia sino de sí misma.

De vez en cuando llegaba hasta nuestros oídos el eco lejano de la música del baile a que Aureliana había rehusado concurrir. Sacó su reloj (objeto raro en aquel tiempo) que pendía de una gruesa cadena que llevaba al cuello; eran las doce de la noche.

-Esta noche no podré dormir -dijo suspirando-. La conversación que hemos tenido me ha causado suma tristeza y me ha recordado escenas que quisiera olvidar. Fernando no es el único que se ha perdido por causa mía...

-¡Qué alegres y triunfantes estarán mis hermanas y mis amigas sin mi presencia esta noche! -exclamó un momento después, poniéndose en pie y mirándose en un espejo que tenía a la cabecera de su cama-. Mejor hubiera sido emplear nuestro tiempo en el baile. ¿Quieres ir? ¡Qué! -añadió, viendo la seriedad con que yo acogía una propuesta tan descabellada-, ¿te has impresionado con mi charla sentimental? ¡Bah! eso es pasajero. ¡Ven al baile!

-¿Yo presentarme a esta hora? ¡imposible!

-Mandaremos llamar quien nos acompañe.

-No puedo, no quiero. Perdóneme usted, pero...

-No te quiero obligar -me contestó-. Yo iré; mi sistema consiste en no dejarme llevar nunca por la tristeza, y a todo trance combatirla.

No quiso ponerse adorno ninguno. Soltó su rubia cabellera, se ató una cinta azul al derredor de la cabeza, se envolvió graciosamente en un chal del mismo color, y llamando a un negro esclavo le mandó que llamase quien la fuese a acompañar al baile.

Mientras llegaban los amartelados ansiosos de obedecer su orden, me hizo acostar en su cama y se despidió afectuosamente de mí al partir. Quedeme aterrada con las revelaciones que me había hecho y admirada de los caprichos de aquella mujer tan extraña y... tan infeliz.

Al cabo de pocos días la familia Hernández regresó a Bogotá; y se pasaron cerca de treinta años sin que yo volviese a ver a Aureliana, ni tener de ella sino vagas noticias de que no hice caso.

II

La vejez

Al fin me casé, mis hijos crecieron y a su vez me rodearon de nietos.

Veía mi juventud en lontananza, como un suelo que pasó; pero estaba satisfecha con mi humilde suerte.

Descansaba una tarde sentada a la puerta de mi casa. El día había sido muy caluroso haciendo apetecible la sombra de los árboles que refrescaban mi alegre habitación. De repente veo salir de la posada del pueblo a una señora anciana, inclinada por la edad y las dolencias y apoyándose en el brazo de un negro viejo. Después de vacilar un momento y siguiendo la dirección que el negro le indicó, se dirigió hacia mí con suma lentitud y trabajo.

Al llegar al sitio en que yo estaba, se detuvo y con voz apagada y triste me dijo:

-¿Me conoces Mercedes?

-No, no recuerdo...

-¿Pero tal vez no habrás olvidado a Aureliana Hernández? ¿no es cierto?

-¡La señora Aureliana! ¿acaso?...

-¡Soy yo!

La miré llena de asombro. No le había quedado la menor señal de su singular belleza. Parecía tener más de setenta años: la cutis ajada por los afeites, y acaso también por los sufrimientos, estaba arrugada y amarillenta: los ojos, tan brillantes en la juventud, ahora turbios y enrojecidos; el cuerpo agobiado y el andar lento y trabajoso, indicaban que las penas de una larga enfermedad la habían envejecido aún más que el trascurso de los años.

Inmediatamente la hice entrar y recordando el cariño que me tuvo en otro tiempo, le prodigué cuantos cuidados pudo, procurando hacerle olvidar el aislamiento en que la encontraba. No me atrevía a preguntarlo por su familia que abandonaba así en la vejez a mujer que había sido tan contemplada en su juventud.

Indagando el motivo que la había traído a *** me contestó:

-Mis enfermedades, y la orden de los médicos.

-¿Y la familia de usted está en Bogotá?

-Sí; allí están todos.

-¿Y la hija de usted por qué no la acompaña?

-La pobre -dijo con una sonrisa de resignación-, en vísperas de casarse, y no era justo que abandonase a su novio para venirse al lado de una inválida como yo.

-¿Y el señor N*** su esposo?

-El clima cálido le hace daño.

-¿Y sus dos hijos?...

-Sus negocios les impiden salir al campo. Pero vino acompañándome el negro, el mismo esclavo que conocerías en casa, y el único que comprende y soporta mis caprichos; él nunca me ha querido abandonar a pesar de ser ya libre.

Un antiguo esclavo fiel era el único y el último apoyo que le había quedado a aquella mujer tan festejada. Se me apretaba el corazón al oírla, y se me llenaron los ojos de lágrimas al contemplar una vejez tan triste después de una juventud tan brillante.

Aureliana permaneció un mes en mi casa, atendida, me dijo, como no se veía hacía mucho tiempo. En las largas conversaciones que tuvimos comprendí que la segunda parte de su vida había sido una terrible expiación de la loca vanidad de la primera. Poco a poco me fue descubriendo los secretos más dolorosos de su vida.

Casada hacia el fin de su juventud con un hombre a quien ella no amaba, y de quien no era amada, pronto descubrió que él sólo había querido especular con su riqueza, y notó con terror que su belleza desaparecía paso a paso. Sin educación esmerada, sin instrucción ninguna, al perder esa hermosura que era su único atractivo, los admiradores fueron abandonándola sucesivamente. Veía con afán que su presencia no causaba ya emoción y que las miradas de los concurrentes a las fiestas a que asistía no se fijaban en ella. Deseosa entonces de abandonar el teatro de sus primeros triunfos, acompañó a su esposo con gusto a los Estados Unidos; pero allí se vio aún más desdeñada. Desesperada procuró hacer mil esfuerzos para recuperar su perdida hermosura, y pasaba largas horas delante de su espejo adornándose con todo el arte que una experiencia consumada le había enseñado. Ocasión hubo en que su espejo le hacía ver de nuevo la Aureliana de su juventud, y llena de ilusiones y colmada de esperanzas se presentaba en las fiestas y los bailes, ¡pero los demás la miraban como se mira a una ruina blanqueada y pintada! Otras, no muy bellas pero más jóvenes, se llevaban la palma.

¡Cuántos y cuán crueles desengaños tendría aquella pobre mujer, que había fincado su vida en sus atractivos personales! Sufría momentos de postración en que pedía a Dios la muerte más bien que dejar de ser admirada.

En esas luchas, en este afán pasó algunos años antes de llegar a persuadirse de la inutilidad de sus esfuerzos. Las aguas, los polvos y los cosméticos con que procuró hacer revivir su perdida frescura aniquilaron los restos de su colorido y mancharon lo albo de su tez; las enfermedades apagaron antes de tiempo el brillo de sus ojos y destruyeron su hermosa cabellera, y por añadidura las lágrimas, los desengaños y las penas domésticas acabaron con el último resto de su singular belleza.

Durante la niñez de sus hijos éstos se habían visto abandonados por la madre, que perseguía sus últimos triunfos; y así perdió ese primer cariño filial tan puro y tan bello. Por otra parte, las palabras desdeñosas del señor N*** habían hecho nacer en el corazón de esos niños un sentimiento de completa indiferencia hacia su madre desamada y poco respetada.

Cuando al fin Aureliana se convenció de que habían pasado los últimos arreboles de vanidad mundana, se volvió hacia sus hijos; pero éstos recibieron con disgusto sus expresiones de cariño, creyeron que era uno de los muchos caprichos pasajeros de que su padre la acusaba diariamente, y llenos de frialdad no le hicieron caso.

Aureliana era, en efecto, impertinente y caprichosa, resultado natural e infalible, de su mala educación y de la vida que había llevado en su juventud. Para consolarse de sus desgracias presentes, no dejaba de hablar de su antigua belleza y de los triunfos de su juventud, añadiendo así al vacío de ideas la locuacidad ridícula, y la ruina de su carácter de madre a la ruina de su belleza de cortesana.

Continuamente enferma, su familia la envió a que cambiase de clima, acompañada solamente por el negro. Después de haberse visto adorada en su juventud por cuantos se le acercaban; después de acostumbrarse a que todos se inclinasen ante su más leve capricho y que su menor indisposición fuese una calamidad pública, ahora, cuando se encontraba realmente enferma y débil, se veía abandonada hasta por los que tenían el deber de procurarle comodidades.

No hace mucho que Aureliana murió en Bogotá olvidada y no llorada. En medio de sus sufrimientos, me dicen que todavía hablaba de sus antiguos triunfos y de su belleza. La vanidad y los mundanos recuerdos de sus primeros años la acompañaron hasta las puertas de la tumba, cuya proximidad no le sugirió un solo pensamiento serio. Murió como había vivido: sin acordarse de su alma; ¡tal vez ignorando que la tenía!

Este episodio me fue referido no ha mucho por una venerable matrona de ***, y esto me ha probado una vez más, cuán indispensable es para la mujer una educación esmerada y una instrucción sana, que adorne su mente, dulcifique sus desengaños y le haga desdeñar las vanidades de la vida. Los comentarios y las reflexiones son inútiles aquí: la lección se comprende solamente con referir los hechos, harto verdaderos para bochorno de lo que afrancesadamente solemos llamar «sociedad de buen tono».

LO INDESCRIPTIBLE
Regina Alcaide de Zafra

Ajeno á la hermosura de la mañana espléndida, insensible á la belleza de un cielo azul diáfano y resplandeciente, sin reparar siquiera en las lindas mujeres que, luciendo claros trajes primaverales, pasaban á su lado dejando tras sí estela de elegancia y juventud, Federico Arlanza, caminaba presuroso por el ancho andén del paseo de Recoletos hacia la Biblioteca Nacional.

Tan abstraído iba en sus meditaciones, que no paraba mientes en las infantiles protestas que su paso atropellador levantaba entre los grupos de juguetones pequeñuelos, cuando distraído pisaba una pelota ó tropezando en su camino con algún aro, lo hacia variar de dirección. Menos reparó aún en el gesto fosco y malhumorado de una bella jovencita á quien, en su apresuramiento, empujó involuntario, haciéndola perder la airosa apostura, en que arqueados en alto los brazos sostenedores de los palillos que atirantaban el fuerte bramante, esperaba recoger el volador carrete del *diávolo* lanzado al espacio con ágil y violento impulso.

Los trenes lujosos que rodaban ligeros por el asfalto del paseo central, parecían no existir para él, como tampoco los automóviles, que con el continuo tocar de sus bocinas, de son estridente ó quejumbroso, como rugido de herida fiera, procuraban fatuos atraer las miradas de los paseantes hacia las problemáticas bellezas que en ellos cruzaban veloces, balanceando sus cuerpos á impulsos del raudo movimiento, envueltas las cabezas por nubes de claros, sedosos y flotantes velos.

Al llegar á la Biblioteca, cruzó el jardinillo, y subiendo la escalinata espaciosa en que asientan las marmóreas estatuas del sabio Rey de las *Partidas* y del no menos sabio arzobispo de las *Etimologías,* penetró en el salón de lectura de la Nacional.

Como "habitual" que era, el bibliotecario, al verlo, le remitió con un ordenanza los impresos y manuscritos que tenía apartados desde el día anterior. Allí todos le conocían, y no pasaba más tiempo en tal lugar que en su casa, porque lo prohibía el reglamento. El Estado es prudente, limitando las horas de estudio; los sabios, más que nadie, necesitan descanso.

Mas para Arlanza apenas si existía el reposo. Cuando salía de aquel arsenal del saber, dirigíase á la biblioteca del Ateneo; por la noche, en su particular estudio, ordenaba las notas tomadas durante el día, y el alba sorprendíale á veces escribiendo su obra predilecta, ¡su obra magna!, en que brillarían sus profundos conocimientos filosóficos, históricos, literarios y artísticos, luciendo en ella más que en las anteriores su vasta erudición. Había de hacer honor al nombre adquirido, excediendo en este trabajo á cuanto esperaban de él sus incondicionales amigos y lectores.

Decidido á triunfar como otras veces, sentóse ante un atril, abrió un viejo *in folio* y reanudó su diaria labor.

Siempre fué un hombre de libros. Desde niño, en su fiebre de poseer cuantos conocimientos pudiese atesorar humano cerebro, el estudio era su sola vida, experimentando alegría intensa al realizar atrevidas incursiones por campos del saber antes desconocidos. Ya en la universidad apodábanle sus compañeros "el sabio". Su sabiduría, por nadie discutida, hasta parecía comprobarla su natural exterior desaliño, lamentado por sus admiradores: "Si cuidase de la persona como del literario estilo, sería un guapo mozo".

Alto, delgado, de rostro moreno y obscura barba, negros los grandes ojos, de brillo algo amortiguado por el excesivo estudio, á pesar de su desgarbado aire, consecuencia de la vida sedentaria, resultaba atrayente su persona grave y amable como la de un joven apóstol.

No había para él más cuidado, ni existía otro mundo que el de la ciencia. "Quédese en buen hora, pensaba, la corriente vida para los que sólo anhelan vivir la suya te-rrena, mas para los sedientos de múltiples sensaciones, an-siosos de experimentar el universal sentir, sólo en aquellas superpuestas hojas podrían satisfacer sus deseos; en ellas sólo, donde los hombres de pasadas generaciones dejaron lo más sublime de su espíritu, quinta esencia de sus vidas plenas de goces, dolores, desalientos y esperanzas".

Y persiguiendo el inmenso latir de la Humanidad entera á través de los libros, corría pueblos y pueblos, re-gistrando sus célebres bibliotecas.

En París pasábase los meses yendo de la Nacional á la de las Artes, de la Mazarino á la de la Sorbona; cruzando calles, indiferente á cuantas bellezas y placeres brinda la lu-minosa ciudad; al igual que en la Eterna, olvidábase de sus grandiosos romanos monumentos, ocupado sólo en revolver volúmenes en las bibliotecas Angélica y Allessandrina.

¡Oh bellos atardeceres de los Campos Elíseos, de San Pietro in Montorio, del Gran Puente de Constantinopla! ¡Para él no existían!... Queriendo vivir las vidas de los hombres de todos los tiempos, sin notarlo, renunciaba á su propia vida. Y cruzaba las más seductoras capitales, como esos comerciantes incultos y codiciosos, atentos única-mente á su negociar, que sólo visitan fábricas y almacenes donde hallar puedan géneros que aumenten sus lucros.

Ni la belleza femenina parecía atraerle.

Sus amigos, juzgando por sus actos y escritos, le creían, si no enemigo, al menos olvidado del amor y las mujeres. Así que, ante el titulo de su nueva y magna obra, quedáronse sorprendidos:—*Apología del amor.*—¿Qué significaba aquello? ¿Acaso una genialidad, un alarde de sabiduría, una muestra más de la flexibilidad de su talento?

Aun sus más entusiastas mostrábanse temerosos de que flaqueara su inteligencia al tratar materia para él tan desconocida. Algunos más íntimos dejáronle entrever sus temores, y Arlanza, el joven Arlanza, como solían apellidarle, sonreíales enigmático. ¿Le suponían acaso desconocedor del más sublime sentimiento, á él, que había sabido descifrar los mayores enigmas del alma humana?...

Los primeros cuadernos de la gran obra, editada lujosamente y luciendo intercalados en el texto hermosos dibujos de un célebre pintor, produjeron asombro y entusiasmo. En ella mostrábase el Arlanza de siempre, erudito, clásico, ameno, claro y elegante en el concepto y el estilo. Mas á lo ya conocido en él, uníase en el nuevo trabajo el atractivo de aquella su nueva manera apasionada, brillante, llena de gracia y fantasía. La descripción del *Jardín de la Inocencia*, rincón el más encantador del Paraíso, era un prodigio de amable decir. La musa de Milton parecía haberle inspirado tanto ó más que inspirar pudo al gran poeta inglés.

Y el incienso de la crítica, envolvió al joven Arlanza en halagüeñas espirales.

Aquella mañana anotaba el sabio detalles curiosos é ignorados de la amorosa tragedia de Cleopatra. El viejo *in folio* que registraba apenas era conocido.

El rápido y brusco agitarse de la atmósfera que le envolvía, vino á sacarle de su aislamiento. Alzó la vista y próximo á él, en compañía de un correcto caballero de encanecida barba vió á una joven de albo traje ligero, que abanicábase fuertemente, sofocada por un rayo de sol, que á través de la acristalada lucerna iba á herirla en la negra cabellera brillante.

Arlanza volvió á su tarea; mas á poco, el ligero aleteo del abaniquillo distrajo su atención. Esta vez levantó malhumorado el rostro, clavando en la niña una severa mirada. Ante el duro gesto cerró ésta *el japonés,* y sus ojos ingenuos quedaron fijos, como sorprendidos del desagrado que los de aquel señor parecían reflejar. El cual, avergonzado de su brusquedad, reanudó su trabajo, que abandonó de nuevo atraído por el dulce murmullo de una voz juvenil. La del albo traje interrogaba al anciano caballero sobre el significado de una rara estampa hallada al hojear un tomo de *La Ilustración.*

Á poco, los que parecían padre é hija, levantáronse. Y los cansados ojos del autor de la *Apología del Amor,* siguieron á la esbelta figurita blanca, de andar donairoso, hasta que traspasó la acristalada mampara del salón de lectura. Trató de reanudar el sabio la suya, pero no pudo. Pensativo, melancólico, la mano en la mejilla, distraída la mirada, sintióse dominado por extraña é inexplicable emoción. El libro abandonado ante sí, le volvió á su anterior enojo. ¿Por qué permitirían la entrada en las bibliotecas, fraguas donde se forja y pulimenta el varonil intelecto, á jovencitas frívolas como aquella, que abanicándose coquetonas, distraen á los fieles asistentes á los templos de la sabiduría?

Convencido de que no haría ya nada útil, marchóse contrariado.

¿Qué era aquello? ¡Nunca le ocurrió cosa parecida! En las innúmeras bibliotecas por él visitadas, encontró á su paso incitantes bellezas; estudiantas de todos los países, que no merecieron su menor atención. Jamás nada le distrajo de su estudio; gritos, músicas, bullicios callejeros. Hasta recordaba no haber apartado los ojos de lo que leía, cuando á bordo de un buque, sorprendióle en el Báltico una tempestad, dándose sólo cuenta de ella al arrebatarle el vendaval el libro de las manos. Sin embargo, aquella mañana, al ligero aire de un abanico, volaron las ideas de su mente.

Preocupado por ello, encaminóse á su casa. Y aquel día no trabajó más.

Al siguiente volvió á la Biblioteca. Padre é hija ocupaban el mismo sitio de la mañana anterior. No pudo reprimir un gesto de desagrado. Sentóse lejos de ellos; pero instintivamente sus ojos buscaron la gentil figurita blanca, atractiva y simpática. Disculpóse consigo mismo; ¿Por que no había el de estudiar el "natural" femenino, como otros?... Y posando en la niña su mirada investigadora, analizaba sus negros y ondulosos cabellos, la frente noble la alba tez, el rojo de los labios de deliciosa sonrisa... Y en el plácido silencio del salón anchuroso, envuelto en la suave claridad que filtraba por los altos ventanales, sintió la dulce atracción de aquellos ojos negros, fijos en él, y que un gozo extraño, jamás sentido, invadía su alma.

Sin abrir siquiera el libro colocado en el atril, abandonó el salón de lectura y, saliendo al paseo de Recoletos, vagó por frente á la Biblioteca sin saber en realidad lo que allí esperaba.

Al poco tiempo, por la amplia escalinata de la Nacional, descendió, en compañía del señor anciano, la jovencita del blanco traje. Cruzó al lado de Arlanza, le miró un segundo, y el sabio, con el corazón palpitante, siguió tímido tras la niña ingenua, que, en el santuario del estudio, hojeaba sólo libros de estampas, distrayendo á los lectores con el juego frívolo de su japonés abanico.

No le pesaba á Arlanza el inesperado paseo. Aquella mañana lucía un bello sol. ¡Nunca vió sol tan riente y espléndido! Y sorprendido, saboreaba el encanto de disfrutar de aquellas cosas que para él pasaban antes inadvertidas.

El último cuaderno publicado de la *Apología del Amor,* promovió mil discusiones, ¡tales genialidades contenía! Entre otras, la dulce Ofelia, la inocente Margarita, Desdémona infeliz, no eran ya las legendarias rubias ideales, sino morenas rientes de obscuros rizos y negros ojos fascinantes. ¿Qué quería simbolizar el autor con todo aquello? Sus admiradores argumentaban que ya él lo explicaría. Mas á la aparición de tan discutidas páginas, siguióse el quedar la publicación suspendida. Y ante la probada formalidad del editor, recayeron sobre el sabio los más ofensivos juicios:—Aquello era de esperar. No sabía ya como seguir. El amor no se aprendía en los libros, había que vivirlo. ¿Cómo hablar de pasiones quien no sintió nunca el fuego de unos bellos ojos abrasándole el alma? Para describir amorosas sensaciones, necesario era haberlas sentido. ¿Sabia Arlanza acaso lo que es el amor?...

Y los despectivos rumores llegaron hasta él.—¡Qué engañados estaban!...—Precisamente porque ya sabía lo que el amor era, no terminaba su gran libro. Y sin preocuparse de su nombre discutido, de su fama vacilante, ni de su malparado literario prestigio, respondió á la critica con el silencio.

¡Sólo el que siente el amor, comprende que el amor es indescriptible!

Quien escucha su mal oye

Juana Manuela Gorriti

Cuando hemos caído en una falta -me dijo un día cierto amigo- si la reparación es imposible, réstanos al menos, el medio de expiarla por una confesión explícita y franca. ¿Quiere usted ser mi confesor, amiga mía?

-¡Oh! Sí -me apresuré a responder.

-¿Confesor con todas sus condiciones?

-Sí, aceptando una.

-¿Cuál?

-El secreto.

¿Oh! ¡mujeres!, ¡mujeres!, ¡no podéis callar ni aun a precio de vuestra vida!; ¡mujeres que profesáis, por la charla idólatra, culto!: ¡mujeres que... mujeres a quienes es preciso aceptar como sois!

-Acúsome, pues -comenzó él, resignado ya a mi indiscreta restricción-, acúsome de una falta grave, enormé, y me arrepiento hasta donde puede arrepentirse un curioso por haber satisfecho esta devorante pasión.

I

Conspiraba yo en una época no muy lejana y denunciado por los agentes del gobierno, vime precisado a ocultarme. Asilóme un amigo, por supuesto en el paraje más recóndito de su casa. Era un cuarto situado en el extremo del jardín y cuya puerta desaparecía completamente bajo los pámpanos de una vid.

Sus paredes tapizadas con damasco carmesí tenían el aspecto de una grande antigüedad. Ha servido de alcoba al abuelo de la casa, cuyo inmenso lecho dorado, vacío por la muerte, ocupaba yo..., mas ¡de cuán diferente manera! El Anciano caballero dormía -pensaba yo- un sueño bienaventurado entre las densas cortinas de tercipelo verde, agitadas ahora por el tenaz insomnio que circulaba con mi sangre de conspirador y de algo más: de curioso. Juzgue usted.

Desde mi primera noche, en aquel cuarto, oía sin que me fuera posible determinar dónde, una voz, una suave y bella voz de mujer que hablaba mezclándose con voces de hombres; después de parecer sola, leía prosa y versos como hubiera declamado Rachel, y cantaba como Malibrán los trozos más sublimes del repertorio moderno, entre ellos una serenata de Schubert cuyas notas graves tenían una melodía celestial.

Pasé varios días en investigaciones, escuchando entre las molduras doradas que ajustaban la tapicería, tentando las paredes y buscando por todas partes el sitio por donde me llegaba el eco de aquella voz.

Parecióme, al fin, que acercándome a un grande armario colocado en un ángulo, oía más clara y cercana la voz, y no me preocupaba. Mas era aquel mueble tan pesado que juzqgué inútil el intentar removerlo yo solo; pero de ninguna manera renuncié a la idea de conocer lo que había detrás.

Así, cuando por la noche, el viejo negro encargado de servirme en mi escondite me hube traído el té, puse en su mano un doblón y le rogué me ayudara a cambiar de sitio aquel armario.

Al escucharme, el negro abrió grandes ojos y palideció.

-¡Ay! No, señor -exclamó con voz sorda-, ni por todo el oro de este mundo. La señora vieja está viva todavía; y si llegara a saber que por ahí ha pasado la infidelidad de su marido, sería capaz de adivinar también que yo, ¡ay, Jesús!, que yo fui quien abrió esa puerta para que el amo, ¡pobre señor!, entrara al monasterio... ¡María Santísima! No, no, señor. Además, el armario está incrustado en la pared, y es imposible moverlo.

Costóme gran trabajo para calmar su espanto; y cuando le hube prometido un profundo secreto, me refirió cómo la casa vecina hizo en otro tiempo parte de un convento de monjas donde su amo tuvo la temeridad de amar a una esposa del señor y cómo, no contento con la enormidad de ese crimen, había profanado la casa de Dios con el auxilio de su esclavo albañil y carpintero, abriendo en la pared una puerta que correspondía al interior del armario.

-Así es, señor -concluyó el negro-, que desde que el amo murió, este armario es mi pesadilla. Siempre temiendo que tire el diablo de la manta, siempre temblando de que una innovación a la casa descubra esta puerta y el nombre de su artífice, pues la señora sin duda me asaría vivo.

-No temas, Juan -le dije para tranquilizarlo-. ¿Quién se lo diría? Yo seré callado como la muerte, y cuando me haya ido de aquí, el secreto se habrá ido conmigo para siempre.

-¡Ah, señor! -repuso el negro, cediendo a pesar suyo al deseo de charlar-, ¡qué tiempos aquellos! El amor del amo duró toda la vida entera de la monjita, que por otra parte no fue larga. La pobre tortolita (así la llamaba el amo, y así llamaban entonces los galanes a su amada), la tortolilla cautiva amaba demasiado, y su amor no pudiendo respirar más la mefítica atmósfera del claustro, llevó su alma a otra región. El amo estuvo primero inconsolable; pero luego hizo lo que todos; olvidó a su tórtola, y fue a casa de otras que amó no menos, pero en cuyos amores no intervino ya su esclavo.

-Juan -le dije, interrumpiendo sus confidencias-, recuerda que debes ayudarme y marcharte en seguida.

Entonces el antiguo Mercurio del seductor de monjas, como quien lo entendía bien, abrió el armario; y quitando el tablero del fondo, dejó descubierta una puertecita cerrada por un postigo en el lado opuesto de la pared.

El negro me mostró el resorte que le abría, y huyó de allí con terror.

Al encontrarme solo y dueño de aquella misteriosa puerta, mi corazón latió con violencia, no sé si de gozo o de temor. Tenía ya en mi mano la extremidad del velo que tanto deseaba levantar.

Pero ¿cómo hacerlo?, ¿con qué derecho iba yo a introducirme en la vida íntima de la persona que dormía confiada, a dos pasos de mí?

La mano en el resorte y el oído atento, dudé largo tiempo entre la curiosidad y la discreción.

De repente oí en el cuarto vecino el roce de un vestido, y la voz de siempre murmuró cerca de mí:

—¡Dos meses sin noticia suya! El ingrato partió sin darme un adiós. ¿Dónde está ahora? En su helada indiferencia no ha creído necesario decirme el paraje donde mi amor podía ir a buscarlo; mas yo lo sabré. Esa ciencia cuyo poder niegan los hombres sin fe, y él entre ellos, esa ciencia me lo dirá. ¡Sí, yo lo quiero! —añadió con enérgico acento.

Cerróse la puerta y todo quedó en silencio.

¡Cómo resistir a la invencible curiosidad que se apoderó de mí al oír la expresión de aquel amor singular, revelado en esas misteriosas palabras? Nada pudo ya detenerme; todo cedió ante el deseo de tocar con las manos los secretos de esa extraña existencia.

Con la frente apoyada en el postigo, esperé un cuarto de hora. El mismo silencio: nada se movía allí. Entonces, arrojando lejos de mí todas las ideas que pudieran intimidarme, comprimí resueltamente el resorte que me había indicado el negro.

El resorte, olvidado durante medio siglo, me asustó con un agudo chillido; pero cediendo al mismo tiempo abrió un postiguillo angosto como la portezuela de un carruaje, y yo, dando un paso, me encontré en la morada de mi vecina.

II

La Alcoba de Una Excéntrica

La pálida luz de una lamparilla alimentada con espíritu de vino y puesta sobre un velador a la cabecera de un pequeño lecho adornado con cortinas blancas, alumbraba suavemente el cuarto cerrado y desierto. Al pie del lecho y sobre el mármol de una cómoda, había una pequeña biblioteca cuya nomenclatura, en la que figuraban los nombres de Andral, Huffeland, Raspail y otros autores, entre cráneos de estudio y grabados anatómicos, habría hecho creer que aquella habitación pertenecía a un hombre de ciencia, si una simple mirada en torno no persuadiera de lo contrario; y aquí, sobre una canasta d labor, una guirnalda a medio acabar; allí, un velo pendiente de una columna del tocador; más allá, una falda de gasa cargada de cintas y arrojada de prisa sobre un cojín; flores colocadas con amor en vasos de todas dimensiones, el suave perfume de los extractos ingleses, el azulado humo del sahumerio exhalándose de un pebetero de arcilla, todo revelaba el sexo de su dueño.

A la cabecera del lecho y al pie de un cuadro que representaba al niño Dios, estaba el retrato de un bello joven, y estas imágenes de las dos edades en que tanto amor se prodiga al hombre, parecían presidir en aquella sencilla y pobre morada artística.

Las paredes de aquel cuarto desaparecían completamente bajo sombríos tableros de madera esculpidas; y el misterioso postiguillo era un medallón oblongo, cercado de una corona de rosas en relieve. Hallábame, pues, en la antigua celda de la monja: era un santuario de sus amores, templo ahora de un amor no menos apasionado. Había en esta coincidencia motivo para que la fantasía se echara a volar en pos de las escenas pasadas, ante los ojos inmóviles de las robustas cariátides y los mofletudos querubines de aquella vetusta escultura. Pero yo no tenía tiempo que perder. Pues que era criminal, no quería serlo a medias y había resuelto abrir un pasaje para que mis miradas pudieran penetrar a toda hora en la morada de mi excéntrica vecina.

Fuime, pus, a su canasta de labor, que, dicho sea de paso, estaba en un espantoso desorden. Dedos nerviosamente crispados habían enredado las madejas de seda, al arrancar, más bien que cortar, las hebras; y más de diez agujas, que se revoloteaban entre blondas y cintas, me picaron los dedos al buscar las tijeras que encontré al fin, y con las que hice un agujero en el centro de una de las rosas esculpidas en el medallón.

Era ya tiempo; pues apenas cerré la puerta y me encontré en mi cuarto, saliendo del armario, mi huésped entró a hacerme la compañía ordinaria de la noche.

Confieso que nunca la presencia del ser más antipático me fue tan insoportable como la de mi amigo en aquella ocasión. Su plática tan interesante y animada, pues era un hombre de talento y de vastos conocimientos, parecíame pesada y monótona. Mi malestar creció cuando sentí que en el cuarto vecino se abría una puerta. Sin duda era ella, su misteriosa habitadora. ¿Había cumplido su designio? ¿Cuál era esa ciencia de que hablaba y qué le habían revelado sus arcanos?

El silencio que sucedió me parecía de mal agüero, ¡y yo, que clavado en un sillón delante de mi amigo, no podía averiguarlo! Consumíame de ansiedad, y respondía a mi amigo con una distracción, de la que éste se apercibió al fin.

—¿Sufres? —me preguntó.

—No, de ninguna manera —me apresuré a contestarle.

—Pareces preocupado. En todo caso, duerme.

—¡Hasta mañana!

—¡Hasta mañana! —dije con una efusión tan pronunciada, que lo sorprendió, y se alejó sonriendo.

Apenas me vi solo, corrí a encerrarme en el armario y miré por el agujero hecho por la tijera.

Todo se hallaba en el mismo estado; pero el cuarto no estaba ahora solo. En el centro, y sentado en un sillón, un hombre paseaba en torno una mirada de asombro. Nada más decía esa mirada, nada tampoco la expresión de su grande boca de labios delgados y pálidos. Sólo su frente, ancha y elevada, habría preocupado mucho a un observador frenólogo.

Abrióse de repente una pequeña puerta que cubría un tapiz encarnado, y en su fondo oscuro se dibujó la figura de una mujer. Era alta y esbelta. Cubierta de un largo peinador blanco, cuyos undosos pliegues sujetaba a medio lazo un cinturón azul, con sus negros cabellos arrojados en largos rizos sobre la espalda, con su paso rápido y su ademán ligero, habríasele creído el ser más feliz de la tierra; pero mirándola con más detención se conocía que había lágrimas tras de su sonrisa, y que .

Entrando en el cuarto, sus ojos posaron en los del hombre que allí se encontraba una mirada grave, fija y profunda que lo hizo estremecer. Muy luego los ojos del joven, como fascinados por aquella mirada, permanecieron clavados en ella, mientras una extraña languidez los fue cerrando por grados hasta sombrear con el párpado la mejilla.

Entonces aquella mujer, acercándose a él, con paso lento pero seguro, elevó tres veces sobre sus ojos cerrados la mano derecha, haciéndola descender otras tantas a los largo del rostro y desviándola en seguida hacia el hombro, para elevarla de nuevo. Después, alargando horizontalmente la izquierda a la altura de la región posterior del pecho, dijo con blando pero imperioso acento:

-¡Samuel!

-¿Qué me quieres? -respondió el joven con voz oprimida.

Ella alzó de nuevo y repetidas veces la mano sobre su pecho, y él añadió entonces:

-¿Qué me quieres? Pronto estoy a obedecerte.

-Pues bien -dijo ella colocando sobre la frente de aquél el pulgar y el índice de su mano derecha-, penetra ahora en mi corazón y busca en él una imagen.

El joven inclinó la cabeza sobre el pecho y pareció dormir profundamente. Después, una convulsión violenta sacudió su cuerpo y sus labios murmuraron un nombre. Ella sonrió con tristeza, enviando al retrato que tenía enfrente una tierna mirada. Luego, asiendo la mano del dormido:

-¡Samuel! .dijo-, penetre tu vista el inmenso horizonte en esta dirección (su mano señaló el Norte) y busque a aquel cuyo nombre acabas de pronunciar.

La cabeza del hombre, dormido, cayó otra vez sobre su pecho; su respiración se volvió por grados anhelante, fatigosa, y copioso sudor bañó sus sienes.

La mujer, de pie y con los brazos cruzados, seguía con una mirada tenaz e imperiosa las emociones que rápida y sucesivamente se pintaban sobre aquellos ojos cerrados.

La hora, el lugar y los objetos que allí se presentaban, todo contribuía a dar a esa escena un carácter verdaderamente fantástico, y al contemplar a ese ser débil dominando con una influencia misteriosa al ser fuerte, al mirar a esa mujer envuelta en los largos pliegues de su flotante y vaporosa túnica, de pie y la mano extendida sobre la cabeza de ese hombre sometido al poder de su mirada, habríasele creído una maga celebrando los misterios de un culto desconocido.

La misma convulsión vino a interrumpir la inmovilidad del dormido.

-Hele allí .exclamó.

-¿Dónde?

Los rayos plateados de la luna juegan con las olas del inmenso río que pasea su plácida corriente entre el bosque y una ciudad fantástica cual un febril ensueño. A sus pies, y sujeto por pesadas anclas, un navío suavemente mecido por blandas oleadas envía hasta las frondas de la opuesta ribera los reflejos de una brillante iluminación. Sobre su ancha cubierta, adornada con verdaderas y perfumadas guirnaldas, cien hermosas mujeres, vestidas de blanco y coronadas de flores, se abandonan lánguidamente en los brazos de sus compañeros de placer a las ardientes emociones de la danza. ¡Oh! ¡cuán bellos son sus ojos! Diríanse que han robado al sol de los trópicos su deslumbrante fulgor.

-Pero él, él, ¿dónde está?

-¡Oh! -replicó el dormido con acento suplicante-, déjame ver el cuadro mágico de esta danza sobre las aguas y bajo un cielo de fuego. ¡Cuán hermosas son!... ¡cuán hermosas!... He allí una que se aparta del encantado torbellino. Aléjase hacia la proa con su caballero, e inclinándose sobre la borda tiende la mano para mostrarle la trémula imagen de las estrellas reflejada en el agua profunda. ¡Ah!

-Samuel -dijo ella interrumpiéndolo, porque una convulsión violenta contrajo de repente las facciones inmóviles del dormido-. Samuel, ¿qué ves?

-Es él, él, quien la acompaña.

-¿Y por qué tiemblas? -¡Oh! -repuso el dormido con sordo acento-, no lo preguntes... tú no debes saberlo.

-No importa; ¡quiero que lo digas! ¡Dilo!

Entonces, él bajó la cabeza con pesarosa resignación, pro al hablar empleó una lengua extranjera, quizá para que sus palabras sonaran menos dolorosas al corazón de aquella a quien obedecía con tan visible pesar.

Mientras hablaba, una nube oscureció la frente de aquella mujer. Sus ojos brillaron como relámpagos de una tempestad y sus labios murmuraron palabras confusas e inarticuladas. Pero serenándose de repente:

-Samuel -dijo-, lee en el corazón de ese hombre.

El joven se reconcentró profundamente; habríase dicho que su espíritu había descendido a un abismo.

Después, sus labios vertieron lentamente, como gotas de plomo, estas palabras:

-Ama a esa mujer.

Pero una nueva convulsión ahogó sus palabras cual si lo hubiese herido el mismo golpe que acababa de asestar al alma de aquella mujer.

Ella, sin embargo, permaneció inmóvil y silenciosa; ni un solo músculo de su rostro se contrajo; y sin la extrema palidez que cubrió su semblante, nada habría revelado el dolor en ese corazón de extraña fortaleza.

Paseóse dos o tres veces a lo largo del cuarto, acercóse al retrato, lo contempló largo tiempo con una mirada indefinible, y luego, cual si se arrancara un recuerdo querido, se llevó la mano a la frente, se echó hacia atrás los rizos de la cabellera, cubrió el retrato con un velo negro, y yendo a abrir una puerta enfrente de aquella por donde había entrado, volvióse al dormido tendiendo la mano y replegándola hacia sí, mientras él se levantaba y seguía la dirección que aquella mano le imprimía.

Cuando hubo traspuesto el umbral, la puerta se cerró tras él, y oí la voz de aquella mujer que decía:

-¡Samuel, despierta!

Vila después sentarse al pie del lecho y ocultarse el rostro entre las manos.

Nada tenía ya que ver ni averiguar allí; la lamparilla se había apagado, yo no veía a esa mujer, y permanecía aún pegado a aquel postigo que me separaba de ella; el silencio reinaba en torno; no obstante en mi cerebro zumbaba un ruido tumultuoso como el de las olas del mar en una borrasca. Eran los latidos de mi corazón, era una rabia inmensa, desesperada, que rugía en mi alma, era... eran los celos, era que yo amaba a esa mujer que amaba a otro con el amor ardiente que inspira un imposible; que la codiciaba para mí, een tanto que otro poseía su alma.

-"Quien escucha su mal oye" -dije yo con el aire sentencioso de un confesor.

La luz del día, penetrando en su cuarto, me la mostró en el mismo sitio. Ni ella ni yo habíamos cambiado de actitud...

-Pero... ¿no oye usted? -dijo mi penitente, interrumpiéndose de improviso-. ¿No oye usted?

-¿Qué?

-El pito del tren. Hoy llega el vapor del Sud y debemos tener noticias interesantes de Arequipa.

Dijo, y sin escuchar mis ruegos, mis gritos, mis protestas y la formal amenaza de negarle la absolución, el impío tomó su sombrero y en seguida la calle, embarcándose luego para islay, de donde dirigiéndose a Arequipa se deslizó furtivamente en la plaza, batióse en las trincheras el siete de marzo, y librándose milagrosamente de la carlanca "libertadora", pasó a Chile, donde es fama que por no perder la costumbre tomó parte activa en la revolución que poco después estalló en aquel país. Cuando la revolución fracasó, fuese a Europa, acompañó a Garibaldi en su expedición a Sicilia, siguióle también y cayó con él el Aspromonte, no muerto sino prisionero. Evadióse, y ahora anda extraviado como una aguja en esos mundos de Dios.

¡Incorregible conspirador! Guárdelo el cielo que un día termine su confesión, y podamos saber, bella Cristina, el fin de su culpable y bien castigado espionaje.

CORAZÓN DE MUJER
Adela Zamudio

Eran las seis de la tarde, cuando una señora joven y un caballero que se habían divisado desde lejos, se detuvieron en una esquina para cruzar, sin saludarse, algunas frases a media voz.

— ¿Hallaste al doctor?

—Sí: la ley la favorece a ella. Muerto el marido, es la tutriz natural del niño; sin embargo, probándole malos tratos, se la puede obligar... pero nos aconseja que intentemos primero los medios amistosos...

— ¿Y no le has dicho que lo hemos intentado ya? —Exclamó la joven con viveza—. ¿Crees que esa hiena suelte su presa voluntariamente? ¿No le has explicado lo que pasa? ¿No le has dicho que la quiere a su lado para martirizarle, porque le odia, por ser el hijo de la primera mujer, linda y joven, mientras que ella...

—Bueno, veremos lo que se hace.

—Sí. Déjame obrar. Acabo de adquirir los da-tos que necesitaba, he hablado con un artesano vecino de enfrente. La casa es aquella pintada de azul (y señaló con los ojos). En el piso alto, vive un abogado que esta mañana se ha marchado al campo; ella ocupa el bajo. El artesano conoce al niño y me ha dado sus señas: "Un joverito, muy traposo, que va todas las noches por pan y velas a la pulpería de la esquina". El hombre se indignó al oír esto.

— ¡Infame! —murmuró—. ¡Un niño de cuatro años haciendo de sirviente!

—Es preciso que esto acabe, repuso ella reprimiendo su indignación. Afortunadamente nadie nos conoce. Aguárdame aquí.

El trató aún de detenerla, preguntando si no sería mejor aguardar al niño en la pulpería de la esquina, pero ella arguyó que podía suceder que el niño no saliese aquella noche — en cuyo caso se perdía tiempo.

—Es preciso obrar antes de que se aperciba de nuestra llegada. Dicho esto, la señora se encaminó hacia la casa pintada de azul.

A la puerta, un mocetón emponchado, forastero por su traza., y que parecía esperar a alguien, salió a su encuentro sin decir palabra. Ella se de-tuvo y le habló a media voz:

—Todavía no, —murmuró—; vete a la esquina y aguarda allí junto al patrón, que ya vuelvo.

Y penetró en la casa consabida.

Avanzaba cautelosamente, figurándose ya descubrir, en algún rincón del patio al diminuto personaje que buscaba, cuando de pronto, al volverse, se halló con la puerta abierta de una estrecha pieza, próxima al zaguán, en cuyo centro una mujer sentada en un sillón, con las rodillas abrigadas permanecía quieta.

Vestía de luto. Al fijarse en este detalle, la forastera se sobresaltó y una emoción repentina ahogó su respiración. La había reconocido por las señas.

Pero se hallaba resuelta a todo. Venciendo su turbación se encaminó hacia ella.

— ¿Y el doctor? preguntó con accento tembloroso, tras ligera inclinación de cabeza.

—No le daré razón, gruñó la interpelada, con voz desapacible, desde su asiento.

La forastera avanzó algunos pasos y se miraron cara a cara.

Aquella odiosa mujer tenía la cabeza envuelta en obscuro pañuelo de seda, lo que le hacía parecer más vieja. Su cara descarnada expresaba profundo malestar. La joven, dominando su repugnancia adoptó un tono más comedido para repetir su pregunta.

—Dispense, mi señora; ¿su vecino, el doctor habrá salido?

—No le daré razón, — volvió a decir la viuda con voz gruñona; la joven fingió contrariedad y desconcierto. Examinó una vez más con la mirada los corredores del piso alto; dijo entre dientes que el doctor no tardaría sin duda en llegar, puesto que la había citado para aquella hora — se lamentó de aquel contratiempo, hablando de un término que se cumplía y pidió permiso para esperarle.

—Aguarde usted si le parece, dijo la vieja secamente, señalando un asiento y sin moverse del suyo.

La joven entró en el cuarto y lo ocupó tímida-mente.

Transcurrieron algunos momentos de embarazo y ansiedad para la audaz visitante que paseó la vista por toda la pieza.

La adornaban unos cuantos sillones muy usa-dos y una alfombra descolorida. De repente sus ojos percibieron un objeto tirado en el suelo, al pie de la silla que ocupaba aquella mujer; un objeto que la forastera empezó a mirar como fascinada: una corneta de latón.

¿Sería suya? Aquella mujer despiadada ¿tendría alguna vez un rasgo de condescendencia con la infeliz criatura?

La viuda entre tanto lanzaba sobre ella miradas indagadoras.

—Usted ha venido a su pueblo a reclamar... díjole de pronto con voz penetrante.

La joven se estremeció.

—Una herencia, se apresuró a decir.

—Esto es, una herencia, apoyó la vieja irónicamente. No sé qué cosas curiosas me ha contado mi vecino el doctor del pleito de usted.

Y no cesaba de observarla.

— ¿Tiene usted muchos parientes? —No tengo a nadie, afirmó ella. — ¿No es usted casada?

Soy soltera, iba a decir, pero temió que su as-pecto la desmintiera y respondió maquinalmente:

—Soy viuda.

— ¡Viuda! ¡Ay! ¡Como yo! Suspiró la vieja, y luego contemplándola con interés.

—Pero es usted muy joven, dijo. ¿Tiene usted hijos?

—Ninguno.

— ¡Como yo! ¿No es verdad, señora, que no hay cosa más triste que verse sola en el mundo?

Y su voz, naturalmente dura, se dulcificó al lanzar ese lamento.

La forastera trató de cortar aquí el interrogatorio que la turbaba y preguntó a su vez, por decir algo.

— ¿Está usted enferma? —Del corazón.

Sin poder contenerse, la joven lanzó sobre ella una mirada de odio recóndito. "¿Tienen las hienas corazón?" pensó.

Un silencio embarazoso y prolongado se siguió a esto. La joven, cuyo objeto, al penetrar en la casa era indagar, empezó a pensar que perdía el tiempo y que lo mejor era aguardar al niño en la pulpería de la esquina. El rumor de un tropel de personas que pasaban por la calle interrumpió su pensamiento y de repente rompió a tocar una banda de música. Casi al mismo tiempo se oyó el ruido estrepitoso de unos zapatitos que golpeaban a la carrera las baldosas del patio y dos pequeños bultos cruzaron hacia la calle, rápidos como flechas.

— ¡Julio! — gritó la viuda con un vozarrón de trueno, que contrastaba con su aspecto dolorido.

Petrificado por el terror, uno de los dos fugitivos se detuvo en mitad de su carrera retrocediendo hasta presentarse todo tembloroso.

Era un chiquillo descalzo, blanco y rubio, pero era tan sucio y desgreñado que apenas podía uno formarse idea de su fisonomía.

— ¡Antecristo! — gritó la vieja, anonadándolo can miradas feroces; eres el primero en alborotar, ¿dónde está Julio? ¡Vaya usted y tráigale por la fuerza! — ¡ahora mismo!

La desconocida, testigo mudo de esta escena, vio luego con suprema emoción aparecer al otro delincuente.

Sin sombrero, el cabello y la ropa en desorden, pugnando por librarse del conductor que le traía a empellones, rubio, sonrosado, hermoso como un serafín, apareció el hijo de Julia. Sí, era él; el mismo aire arrogante, la misma cabeza, los mismos ojos claros y serenos.

Su corazón latió con violencia. Tuvo impulsos de precipitarse hacia él, cogerle en brazos, insultar a la vieja y huir... pero el diablillo traía tal aire que, sin quererlo, se quedó quieta.

Aquella mujer logró sujetarlo por la ropa y atrayéndolo hacia sí con fuerza lo oprimió entre sus brazos; él, siempre forcejeando por escapar, pateaba con impaciencia gritando:

— ¡Quiero ir tras los soldados!

La viuda al ver que aquella cliente del doctor, cautivada sin duda por la hermosura del niño; lo devoraba con los ojos, se empeñó en que la saludara; pero el pequeño insolente se negó a ello encogiéndose de hombros.

—Salúdala, repitió ella, es tu tía. La joven se estremeció.

La dueña de casa, sin notarlo, se volvió luego hacia ella para explicarle sonriendo.

—El llama tías a todas mis amigas. Y siguió amonestándolo:

—Eres un malcriado: ¿qué va a pensar de ti? También ella tiene niños y precisamente uno de tu edad que se llama como tú Juliecito, pero muy bien educado; no se parece a ti. ¿No es verdad señora?

La forastera, aturdida, no sabía que pensar de lo que oía-
¿Sabía aquella mujer lo que decía? ¿Era casualidad, era ironía?

Como el niño insistiese en su porfía, la enferma, haciendo un esfuerzo, lo colocó sobre sus rodillas y cogiendo
con ambas manos su hermosa cabeza, lo obligó a escuchar.

— ¿No te he dicho que allá en la esquina te aguardan
unos hombres para robarte?

El chiquitín respondió con un gesto de incredulidad.

— ¿No es verdad señora que usted los ha dejado ahí,
apostados aguardando?

La forastera sobresaltada no sabía explicarse lo que oía.

El pequeño mostró los puños con aire fanfarrón ex-
clamando:

-¿Y yo?

— ¿Tú? dijo la señora, tú eres un muñeco. Por más que
te defiendas, te agarran, te tapan la boca, te meten debajo
del poncho y te llevan lejos, muy lejos... yo me quedo desesperada... ¡corro! ¡Corro! tras ti, no te encuentro y me muero.

El chiquillo gimió con un gesto que quería decir: "¡si
prosigues me echo a llorar!"

—Entonces no vayas a la calle.

Esta vez quedó convencido, pero en cambio exigió
que el otro chico, hijo de la cocinera, fuese a comprarles
rosquetes.

El interés y la viva emoción que se pintaban en el
rostro de su interlocutora, que también era viuda y sola,
la hacían cada vez más expansiva. Su brusquedad y reserva
de los primeros momentos habían desaparecido.

—Mucho he sufrido señora, continuó. ¡Si yo le contara
mi vida! Mi esposo fue un calavera, pero se lo aseguro,
sólo por ésta criatura, siento haber perdido mi fortuna.
Quisiera para éste todos los tesoros del mundo.

Como si comprendiera a su protectora, el niño reclinó su cabeza contra su pecho con dulce abandono. Ella aplicó los labios a los sedosos rizos.

Sorpresa, enternecimiento, ansia de prorrumpir en un sollozo, todo eso sentía la forastera que disimulaba ya apenas.

— ¿Por qué quieren quitármelo? — Continuó la viuda — ¿no es una crueldad? Esa mujer tiene familia, hijos esposo, hermano; yo no tengo más que a él en el mundo.

Y al ver que tenaces y abundantes lágrimas empañaban los ojos de aquella extraña, dio rienda suelta a su ternura y continuó, casi sollozando.

—Si eso llegara a suceder, no sé qué sería de mí, me volvería loca, no me resignaría. Iría tras él hasta el fin del mundo; les pediría de rodillas que me admitieran en calidad de criada, a fin de no separarme de él. La forastera no pudo más — hizo su oración interior.

— ¡Eso no sucederá! exclamó, poniéndose de pie y tendiéndole la mano. — Señora, le juro que no sucederá.

A aquel arranque la viuda miró sorprendida.

—Soy de este pueblo y conozco a esa familia, — dijo la joven llorando de ternura — yo hablaré con ellos.

Faltó poco para que la pobre enferma le besara las manos.

— ¡Ah señora, señora!, exclamó; sí hiciera usted eso, ¡cuán grande y cuan eterna sería mi gratitud!

—Dentro de dos días recibirá usted de parte de ellos, una carta que la tranquilizará por completo.

Cansado de saborear su golosina, el niño había quedado dormido. La joven depositó sobre su frente un prolongado y amoroso beso mezclado de lágrimas y salió en silencio.

Estaba anocheciendo.

Cuando el marido, escondido en la sombra del zaguán, la vio salir enjugándose los ojos, se apresuró a consolarla.

— ¿Para qué desesperar?, le dijo, — si hoy no se puede, mañana...

—Ni mañana ni nunca, dijo ella. ¡Ay Antonio!, ¡qué malo es juzgar sin haber visto de cerca; esa mujer se quedará con el niño, porque lo quiere más que nosotros.

— ¡Corazón de mujer! tu piedad infinita por los niños será siempre...

—Ángel mío —te dejo en paz— estás en brazos de una segunda madre.

El Tonto
de las Adivinanzas

Carmen Lyra

Había una vez una viejita que tenía dos hijos: uno vivo y otro tonto. Al mayor lo creían vivo porque era trabajador, amigo de guardar su plata y de plantarse bien los domingos. El otro gastaba en tonteras cuanto cinco le caía en las manos, y no le importaba un pito andar hecho un candil de sucio; y le decían por mal nombre "El Grillo".

Un día llegó un vecino y le dijo que en el pueblo andaba el cuento de que el rey ofrecía casar a su hija con aquel que pusiera a Su Majestad tres adivinanzas que no pudiera adivinar, y que le adivinaran otras tres que Su Majestad propondría.

Otro día se levantó el tonto muy de mañana y dijo a la viejita:

-Mama, sabe que he ideado ir yo onde el rey a ver si me gano l'hija. Quien quita que pueda yo sacarlos a ustedes de jaranas.

-Jesús, apiate y mirá estas cosas, -contestó la viejita al oír a su hijo. -Callate, tonto de mis culpas, y no me volvás a salir con tus tonteras. Y lo trapió y le dijo unas cosas que no me atrevo a repetir.

Pero el muchacho metió cabeza, y cuando la viejita lo vio fue ensillando a Panda, su yegua. Entonces, como no había más remedio, se puso a prepararle un almuerzo para el camino. Fue al solar a cortar unas hojitas de orégano para echarle a una torta de arroz y huevo que le hacía, pero como estaba medio pipiriciega no se fijó que en vez de orégano, cogía unas hojas de una yerba que era un gran veneno.

-Por fin el hijo montó a Panda y dijo adiós a su madre y a su hermano, que habían hecho todo lo posible por convencerlo de que desistiera de su viaje.

La pobre viejita salió a la tranquera a verlo irse y le dijo: -Que Dios te acompañe, hijo... Aquí nos dejás sólo Dios sabe cómo. Vas a ver que con lo que vas a salir es con una pata de banco.

El muchacho no hizo caso y cogió el camino. Al mucho andar sintió hambre, desmontó y sacó de sus alforjas el almuercito que le hiciera su madre. Era en un lugar en donde no crecía ni una mata de hierba. Sintió lástima al pensar que la pobre Panda iba a tener que ayunar. Entonces, aunque le tenía mucha gana a la torta, la cogió y se la dio a su yegua y él se comió un gallito de frijoles que bajó con bebida. Apenas la yegua se tragó la torta, cuando cayó pataleando y enseguida murió a consecuencia del veneno de las hojas con que la viejecita quiso dar gusto a la torta, creyendo que eran de orégano.

El muchacho se sentó al lado de su bestia a hacerle el duelo. En esto llegaron tres perros que se pusieron a lamer el hocico a la difunta. ¡Para qué lo hicieron! En seguidita cayeron también pataleando, y a poco murieron.

El tonto hizo un hueco para enterrar a Panda y mientras la enterraba, llegaron siete zopilotes que hicieron una fiesta con los tres perros. A poco los siete zopilotes pararon la vista y cayeron tiesos.

Entonces, el tonto que no era tan dejado como creían, secó sus lágrimas y se dijo: -No hay mal que por bien no venga... Ya tengo mi primera adivinanza.

Siguió anda y anda y se encontró con una vaca que se había despeñado y que estaba en las últimas. La acabó de matar y halló entre su panza un ternerito que estaba para nacer. Lo sacó, asó parte de la carne del animalito y se la comió. Siguió su camino y allá en el peso del día, vio unas palmeras de coco cargaditas de frutas. Como tenía mucha sed, subió a una, cogió unos cocos y bebió su agua.

Por fin llegó al palacio del rey se hizo anunciar como un pretendiente a la mano de su hija. Los criados y los señores se pusieron a hacerle burla:

¡Lo que no han podido personas inteligentes lo va a poder este no-nos-dejes! -decían y se morían de risa.

El rey le hizo algunas reflexiones: Que si no ganaba, lo ahorcaría y que esto y lo de más allá, pero él no hizo caso.

La princesa se horrorizó al imaginar que tuviera que casarse con aquel tonto, y por un si acaso, le propuso que si se salía con la suya, se comprometiera a calzarse (porque era descalzo) y vestirse como los señores y, que si no, no habría nada de lo dicho. Y el tonto dijo que bueno.

Se reunió un gran gentío en el salón del palacio: el rey con su hija en su trono, los ministros, los duques, los marqueses y cuanta persona que era gran pelota en el país. Y va entrando mi tonto muy en ello y con mucha tranquilidad, como si estuviera en la cocina de su casa, dijo: Allá te va la primera, señor rey:

"Torta mató a Panda,
Panda mató a tres;
Tres muertos mataron a siete vivos".

El rey se puso a reflexionar y fue de reflexionar como una hora, y no pudo dar en el chiste. Por fin se dio por vencido. El tonto explicó: -Panda, mi yegua, murió a consecuencia de haberse comido una torta envenenada; llegaron tres perros, le lamieron el hocico y enseguida murieron; bajaron siete zopilotes, se comieron los perros y también murieron.

Luego el tonto dijo: -Allá te va la segunda: "Comí carne de un animal que no corría sobre la tierra, ni volaba por los aires, ni andaba en las aguas".

Vuelta el rey a cavilar y al cabo de una hora se dio por vencido. El muchacho explicó: -Encontré una vaca que se había despeñado y que estaba boqueando, la acabé de matar y le saqué de la panza un ternerito que estaba para nacer. Lo asé y comí de su carne.

Luego el muchacho dijo: -Allá te va la tercera: "Bebí agua dulce que no salía de la tierra, ni caía del cielo".

Tampoco pudo esta vez adivinar el rey, y el tonto explicó: -Me bebí el agua de unos cocos y ya ves, señor rey, como al mejor mono se le cae el zapote.

Le llegó el turno al rey de proponer sus adivinanzas.

Mandó cortar a una chanchita el rabo y lo puso entre una caja de oro que presentó al tonto y le preguntó: -¿Adivinás lo que tengo aquí? -El se rascó la cabeza y al verse en este apuro, se dijo en voz alta: -"Aquí fue donde la puerca torció el rabo..."

El rey casi se va de bruces.

¡Muchacho! ¿Cómo has hecho para adivinar?

El tonto comprendió que de pura chiripa había acertado, y como no era tan tonto, dijo haciéndose el misterioso: -Eso no se puede decir... Eso es muy sencillo para mí...

Entonces el rey fue a su cuarto, cogió un grillo que cantaba en un rincón, lo encerró entre su mano y se lo presentó. -¿Qué tengo aquí?

El muchacho se puso a ver para arriba, y viendo que nada se le ocurría, se dijo en voz alta: ¡Ah caray! ¡Y en qué apuros tienen a este pobre grillo! (como a él lo llamaban "El grillo"...)

El rey se hizo de cruces, la princesa estaba en un hilo y la gente se volvía a ver, admirada.

-¡Muchacho de Dios! ¿Cómo has hecho para adivinar?

Otra vez los aires misteriosos para contestar:

-Muy fácil, pero no se puede decir...

Mandó a hacer el rey en un salón un altar con cortinas de oro y plata, candelabros de oro, candelas de cera rosada, floreros y muchos adornos, y sin que nadie lo viera, llenó un vaso de estiércol, lo envolvió bien en un paño de oro bordado con rubíes y brillantes y lo colocó en medio del altar. Hizo llamar al tonto y le preguntó:

¿A que no me adivinás qué tengo en este altar?

-¿Qué puede ser? ¿Qué puede ser? -pensaba el muchacho sudando la gota gorda. -Lo que es ahora sí que no adivino... Lo que me voy a sacar es que me ahorquen... -Luego, casi desesperado, dijo: -Bien me lo dijo mi mama que buen adivinador de m... sería yo.

El rey se quedó en el otro mundo.

-¡Muchacho! ¿Cómo has adivinado? -Y él respondió: -¡Muy fácil! Si así me las dieran todas...

Inmediatamente se comenzaron los preparativos para la boda. La princesa estaba que cogía el cielo con las manos. La pobre no tenía nadita de ganas de casarse con aquel gandumbas.

Llamó al zapatero para que le tomara las medidas a su futuro esposo de unos zapatos de charol, pero le aconsejó se los dejara lo más apretados que pudiera. Lo mismo al sastre con el vestido y mandó a comprar un cuello bien alto.

Cuando llegó el día del matrimonio, el tonto fue a vestirse de señor, pero todo fue ponerse aquellas botas de charol y comenzar a hacer muecas. Le pusieron tirantes, el cuello que casi no le dejaba respirar y las mangas de la leva le quedaban tan angostas que se veía obligado a tener los brazos tan encogidos que parecía un chapulín. Pero lo que no se aguantó fue que le pusieran guantes. Cuando lo vieron fue sacándose la leva y arrancándose el cuello y la corbata y tirando todo por la ventana. Los zapatos de charol fueron a dar a un tejado.

-¡Adió! ¡Caray! -gritó al verse libre de todas aquellas tonteras. -¿Yo por qué voy a andar a disgusto?

La princesa que estaba escondida detrás de una cortina, ya no podía de tanto reír.

El muchacho se fue a buscar al rey y le dijo:

-Mucho me gusta su hija, pero más me gusta andar a gusto. Me comprometí a casarme con ella si me vestía de señor, pero yo no sé cómo hacen para andar con los pies bien chimaos, con el pescuezo metido entre esta baina, bien echados para atrás, que les tiene que doler la caja del cuerpo... Prefiero volverme donde mi mama: allí ando yo como me da mi gana; y si me quedo aquí tendré que pasar mi vida como un Niño Dios en retoque. [1]

Entonces el rey le dio dos mulas cargadas de oro y el tonto se volvió a su casa, donde lo recibieron muy contentos.

---

[1] Parece que esas sonrientes esculturas que representan al Niño Dios, para retocarlas y trabajar sin dificultad, las aseguran con un tornillo que les meten por detrás.

LAS AUTORAS

Emilia Pardo-Bazán y de la Rúa-Figueroa, o simplemente Emilia Pardo Bazán (La Coruña, 16 de septiembre de 1851-Madrid, 12 de mayo de 1921), condesa de Pardo Bazán, fue una noble y novelista, periodista, feminista, ensayista, crítica literaria, poetisa, dramaturga, traductora, editora, catedrática y conferenciante española introductora del naturalismo en España. Fue una precursora en sus ideas acerca de los derechos de las mujeres y el feminismo. Reivindicó la instrucción de las mujeres como algo fundamental y dedicó una parte importante de su actuación pública a defenderlo.

Julia de Asensi y Laiglesia (Madrid, 4 de mayo de 1859 - 7 de noviembre de 1921), escritora, periodista y traductora española. Las fuentes de Asensi suelen ser Bécquer, Zorrilla, Fernán Caballero o Lope de Vega, pero sus creaciones de mayor fuerza provienen de la historia o del folklore tradicional español; en sus narraciones los personajes femeninos tienen iniciativa, son activos y frecuentemente protagonistas.

Soledad Acosta de Samper (Bogotá, 5 de mayo de 1833-ibidem, 17 de marzo de 1913) fue una de las escritoras más prolíficas del siglo XIX en Colombia. Dedicó numerosos estudios sociales al tema de las mujeres y su papel en la sociedad, por lo que es considerada una pionera del feminismo.

Regina Alcalde de Zafra (Sevilla, 1873-Madrid, 1913) fue una escritora española. Era hermana del también escritor Joaquín Alcaide de Zafra. La Biblioteca Nacional de España la hace nacida en 1873 en Sevilla. Falleció en

Madrid en enero de 1913. Fue autora de Todo amor : cuentos por Regina Alcaide de Zafra, una colección de cuentos publicada de forma póstuma en Madrid.

Juana Manuela Gorriti Zuviria (Rosario de la Frontera, 15 de junio de 1818-Buenos Aires, 6 de noviembre de 1892) fue una escritora argentina, aunque también se ha hecho célebre por las peripecias de su vida. Juana Manuela Gorriti se ha hecho célebre no solo por su vida llena de vicisitudes y por su innegable valor como literata, y por ser en su madurez una política progresista sino por su interesante libro de arte culinaria llamado La cocina ecléctica, el cual, además del valor gastronómico, tiene un gran valor documental, ya que aporta muchas recetas folclóricas argentinas, de otros países latinoamericanos e incluso cocina europea de su época.

Adela Zamudio (Cochabamba, 11 de octubre de 1854 - ibídem, 2 de junio de 1928) fue una destacada escritora, pionera del feminismo en Bolivia, que cultivó tanto la poesía como la narrativa. Dirigió la primera escuela laica de Bolivia en La Paz. Además fundó también la primera escuela de pintura para mujeres (1911) y posteriormente para niños, en uno de los arrabales de la capital. En 1928 recibió la máxima condecoración literaria otorgada por el gobierno de la nación.

Carmen Lyra, seudónimo de María Isabel Carvajal Quesada (San José, Costa Rica, 15 de enero de 1887 - Distrito Federal, México, 14 de mayo de 1949) fue una escritora, pedagoga y política costarricense. Es considerada una de las escritoras más entrañables y significativas de la literatura costarricense.